本书受到徐州工程学院学术著作出版基金资助出版。本书是徐州工程学院科研课题"全渠道时代实体零售店渠道冲突及整合策略研究"（项目号：YKYD2017003）的研究成果，是江苏省高校哲学社会科学研究重点项目"基于消费者信任的苏北地区特色农产品全渠道营销策略研究"（项目号：2018SJZDI078）的阶段性成果

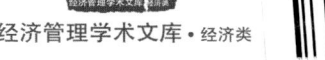

我国实体百货店全渠道零售模式研究

Study on the Omni-channel Retail Mode of Physical Store in China

马慧敏／著

图书在版编目（CIP）数据

我国实体百货店全渠道零售模式研究/马慧敏著. —北京：经济管理出版社，2019.11
ISBN 978－7－5096－6712－5

Ⅰ.①我… Ⅱ.①马… Ⅲ.①百货业—零售业—商业模式—研究—中国 Ⅳ.①F724.2

中国版本图书馆 CIP 数据核字（2019）第 258824 号

组稿编辑：王　洋
责任编辑：曹　靖　王　洋
责任印制：高　娅
责任校对：陈晓霞

出版发行：经济管理出版社
　　　　　（北京市海淀区北蜂窝 8 号中雅大厦 A 座 11 层　100038）
网　　址：www.E－mp.com.cn
电　　话：（010）51915602
印　　刷：北京晨旭印刷厂
经　　销：新华书店
开　　本：720mm×1000mm/16
印　　张：13.5
字　　数：227 千字
版　　次：2019 年 11 月第 1 版　2019 年 11 月第 1 次印刷
书　　号：ISBN 978－7－5096－6712－5
定　　价：78.00 元

·版权所有　翻印必究·
凡购本社图书，如有印装错误，由本社读者服务部负责调换。
联系地址：北京阜外月坛北小街 2 号
电话：（010）68022974　邮编：100836

前　言

　　实体零售企业从 2011 年开始就一直面临着高成本、高竞争、低回报、难扩张等难题，利润低下，业绩下滑，成本却越来越高，在经济增长放缓和网购冲击的背景下，实体零售企业更是面临低增速和企业负利润的严峻挑战。2015 年上半年，主要实体零售企业（含百货、超市）在国内共计关闭 121 家，传统零售业出现"闭店潮"。而随着互联网的普及，电子商务和网络零售进入快速增长期，线下实体店的销售额增速却呈现低迷状态，大多数实体零售企业经营困难，且经营每况愈下，前景不容乐观。归纳起来，实体店陷入困境的主要原因有四类：一是房租、人工和融资等成本不断上涨；二是品牌同质化非常严重，导致同业竞争加剧；三是电子商务造成的强烈冲击；四是消费者的购物体验跟不上其需求变化。

　　本书在相关理论研究的基础上，对国内外百货业的发展历程、发展理论及实践进行了分析，发现在目前科学技术高度发达、信息丰富、人们追求精神与物质高度统一的时代，实体百货业面临着前所未有的挑战：一是信息技术对销售的影响远远超过了人们学习的速度，信息传播的渠道与消费者获取信息的方式不断增多，消费者的购物渠道也在等量增加；二是随着电子商务平台运行逐步规范，相应的是微商、移动 App 的兴起对传统销售的模式产生的巨大冲击；三是全渠道消费群体的出现，线上线下消费边界逐渐模糊，购物场景日益丰富，消费者大多通过线上与线下相结合的方式进行购物，全渠道销售是实体百货企业的必然选择。

　　全渠道零售是伴随着移动网络和大数据而产生的新概念，是指零售商为了满足消费者在任何时候、任何地点以任何方式购买的需求，整合实体渠道、电子商务渠道和移动电子商务渠道等渠道方式，为消费者提供商品或服务，具有全程、全面、全线特征。全渠道零售时代的消费者是具有"SoLoMoPe"（社交化、本地化、移动化、个性化）特征的消费者，即每个消费者都是社交化的消费者、都是基于本地化产品和服务的消费者、都开始成为移动消费者、都有自己个性化的消费偏好。为满足消费者的需求，国外的实体百货（如梅西百货、百思买、星巴克等）的全渠道零售实践较早，在很多方面都有可供我国借鉴的经验。国内的实体百货（如银泰、王府井、苏宁易购等）也进行了全渠道零售的转型实践，但也存在着没有围绕消费者体验展开活动、线上线下的信息混乱、后台系统支持不足、渠道商的利益冲突等一系列问题，针对这些问题，本书给出了相应的建议，包括"以用户为中心"的用户思维，建立透明、共享、统一的物流信息平台，布局移动电子商务，提供无缝购物体验，利用社交媒体重塑零售商和客户之间的沟通关系，利用微店实现真正的一对一精准营销等系列策略与建议。

真正的全渠道零售需要让客户成为焦点，客户在传统联络渠道中和新的数字联络渠道中都能享受到无缝的用户体验。本书给出了实体店渠道、线上渠道、移动端渠道、新媒体渠道等各个渠道的特征、营销策略以及注意事项。

此外，本书还描绘了实体百货业的发展趋势：迎接新零售时代。概述了新零售时代的特征、实现路径以及消费者的需求特征，为新零售时代实体百货业的发展提供了思路。

目　录

1 绪论 ··· 1
　1.1 选题背景 ·· 1
　1.2 研究意义 ·· 18
　1.3 国内外研究现状 ·· 18
　1.4 研究主要内容 ·· 21

2 百货业发展历程研究 ·· 23
　2.1 国外百货业发展历程 ·· 23
　2.2 我国百货业发展历程 ·· 43

3 全渠道零售概述 ·· 53
　3.1 全渠道零售含义 ·· 53
　3.2 全渠道零售产生的因素 ··· 54
　3.3 全渠道零售的框架 ··· 58
　3.4 促使实体百货店采用全渠道零售的因素 ····················· 59
　3.5 全渠道零售特点 ·· 61
　3.6 全渠道零售面临的挑战 ··· 63
　3.7 全渠道时代消费者的特征 ·· 66
　3.8 新生代消费者对全渠道零售的认知 ··························· 69

4 国外全渠道零售模式的实践研究 ····································· 80
　4.1 梅西百货 ·· 81
　4.2 百思买 ··· 87
　4.3 短租——airbnb ·· 92

4.4	星巴克	98
4.5	国外全渠道零售的经验	104

5 国内全渠道零售模式的实践研究 106
5.1	银泰百货	106
5.2	苏宁电器	115
5.3	我国全渠道零售存在的问题	120

6 中小型实体百货店全渠道零售转型的基本思路 122
6.1	"以用户为中心"的用户思维成为核心	122
6.2	建立透明、共享、统一的物流信息平台	123
6.3	布局移动电子商务，提供无缝购物体验	124
6.4	利用社交媒体，重塑零售商和客户的沟通关系	125
6.5	利用微店，实现真正的一对一精准营销	126

7 中小型实体百货店全渠道零售的构建 129
7.1	实体店渠道	129
7.2	线上渠道	146
7.3	App 渠道	162
7.4	新媒体渠道	169
7.5	LBS	185

8 百货业迎接新零售时代 191
8.1	新零售时代的特征	191
8.2	新零售的实现路径	193
8.3	新零售时代的消费者新体验	196

参考文献 200

后 记 209

1 绪论

1.1 选题背景

随着互联网的普及和电子商务的发展，近几年，线下实体零售店一直处于比较低迷的状态。根据中国电子商务研究中心提供的数据，近年来我国线上零售额的增速每年都很快，2011~2018 年，我国社会消费品零售总额从 18.1 万亿元增长至 38.1 万亿元（见图 1-1），到 2019 年上半年，社会消费品零售总额 19.5 万亿元，同比名义增长 8.4%，未来几年，我国零售市场整体发展环境良好，社会消费品零售总额将持续平稳上升。

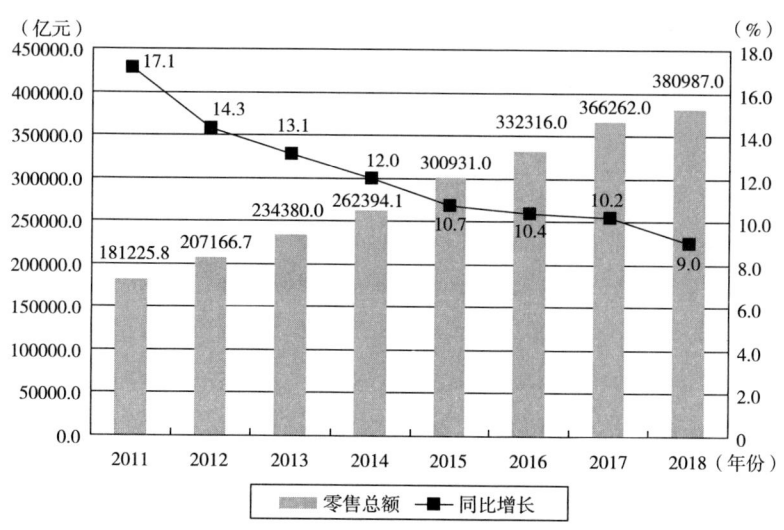

图 1-1 2011~2018 年我国社会消费品零售总额及同比增长

我国互联网从无到有,短短二十几年发展迅速,如今已经在国际上占据了至关重要的地位。在此基础上,基于国内强大的市场,我国的电子商务得到了飞速的发展。2011~2018年我国电子商务交易规模如图1-2所示。

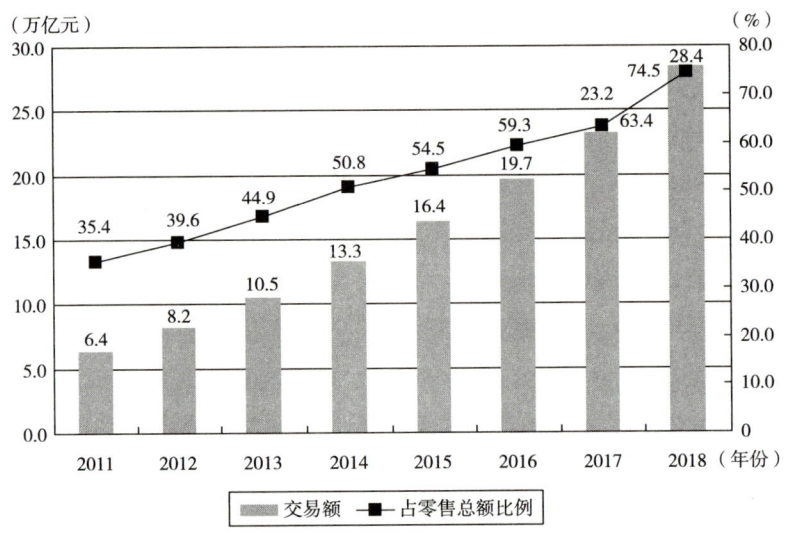

图1-2　2011~2018年我国电子商务交易规模

线上零售,即网络购物交易额持续快速增长,渗透率持续增加,成为重要零售渠道,但社会零售的大部分仍为线下销售。阿里巴巴、京东等电商企业纷纷开展全渠道发展,开拓新的增长点。2011~2018年网络交易规模如图1-3所示。

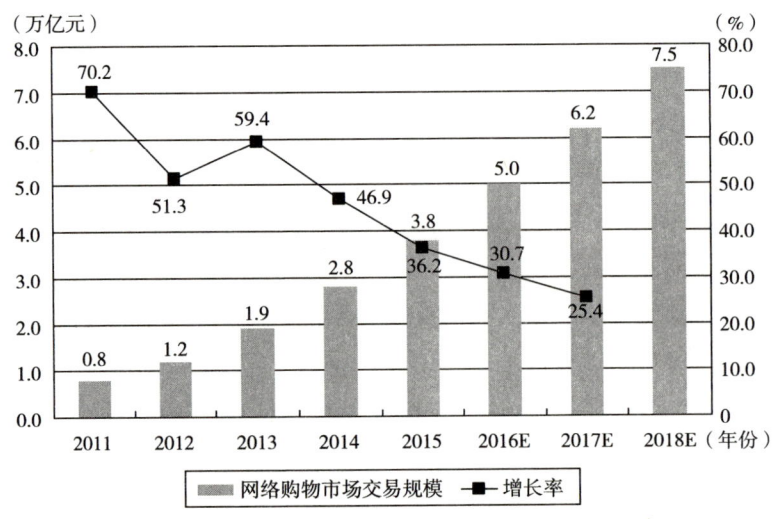

图1-3　2011~2018年网络购物交易规模

我国移动网购市场交易规模如图1-4所示，2015年同比增长123.8%，增速远远高于我国网络购物整体增速（2015年我国网络购物市场交易额为3.8万亿元）。

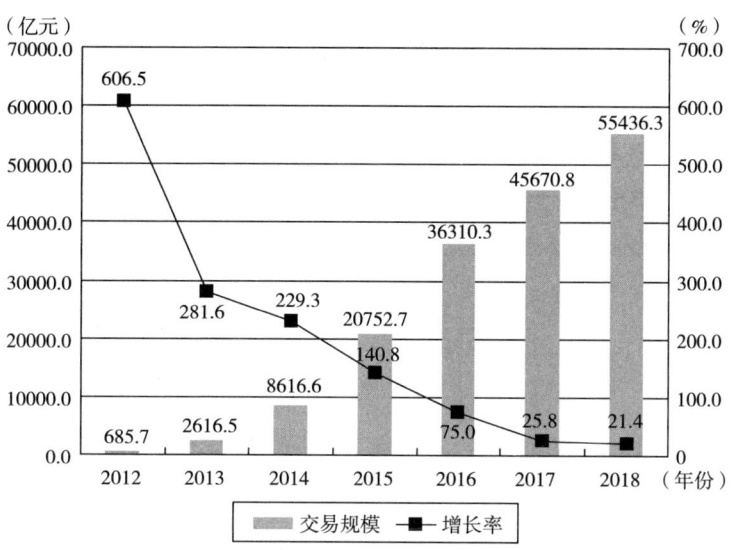

图1-4　2012~2018年我国移动网购市场规模

但是反观实体零售企业，从2011年开始就一直面临着高成本、高竞争、低回报、难扩张等难题，利润低下，业绩下滑，成本却越来越高，在经济增长放缓和网购冲击的背景下，更是面临低增速和企业负利润的严峻挑战。仅2016年上半年主要零售企业（含百货、超市）在国内共计关闭41家，传统零售业出现的"闭店潮"，如表1-1所示。而随着互联网的普及，电子商务和网络零售进入调整增长期，而线下实体店的销售额增速却呈现低迷状态。再加上移动端的购物仍然保持较快增长，2018年移动购物的市场交易规模已超过5万亿元。移动端的随时随地、碎片化、高互动等特征，让移动端成为纽带，推动零售市场向"线上+线下""社交+消费""娱乐+消费"等方面发展，整合线上线下各种渠道是必然的发展趋势。

表1-1　2016年上半年实体零售店关店名录

业态	企业名称	城市	门店名称	面积（平方米）	关店时间	开业时间
百货、购物中心	百盛	西安	东大街店	19000	2016.06.11	1998.01.18
		重庆	大坪店	—	2016.03.31	1995
	摩尔百货	成都	天府店	30000	2016.02.29	2002
	NOVO百货	重庆	大融城店	3500	2016.02.25	2013.09
	来雅百货	泉州	中骏世界城店	35000	2016.03.31	2014.05.31
	友谊商店	广州	南宁店	20000	2016.04.26	2007.07
	华联商厦	成都	成都店	—	2016.06.28	1994.05.18
	天虹商场	深圳	深南君尚百货	20000	2016.02.07	2014.06.19
	哈韩百货	长春	桂林路店	—	2016.01.15	2014.09.26
	喜乐地购物中心	长沙	万家丽店	80000	2016.03.10	2007
	西单商场	北京	十里堡店	14000	2016.01.10	2010.04
	南京八佰伴	南京	南京店	25000	2016.05.16	2008.09.28
	世纪金花	银川	银川店	10000	2016.04	2010.10.23
	金鹰商贸	合肥	宿州路店	80000	2016.01.01	2010
	新华百货	银川	东方红店	46000	2016.02.28	2011.09.09
超市	沃尔玛	合肥	长江东路店	7000	2016.01.12	2010.12.01
		无锡	青石路店	—	2016.03.30	2009.06.21
		巢湖	健康东路店	12000	2016.04.13	2010.08.05
		淮北	人民路店	—	2016.05.11	2009
		滁州	明光路店	7200	2016.05.25	2012.12.22
		合肥	合作化南路店	—	2016.06.15	—
		芜湖	华津中路店	—	2016.06.22	2011.09.23
		济南	阳光新路店	14000	2016.05.18	2011
		烟台	海港路店	15000	2016.06.15	2006.06.15
		烟台	天府街店	12000	2016.06.15	2010.11.27
	百佳	广州	中旅店	10000	2016.02.29	1999.11.17
		东莞	聚福豪苑店	—	2016.02.29	2004
		广州	康王路店	3000	2016.02	2012.04.27
		广州	珠江俊园店	—	2016.03.07	2010.03
		成都	新城市广场店	13000	2016.02.24	2005.09
		成都	来福士Treat店	—	2016.02.29	2012.09.26
		成都	国际金融中心店	4000	2016.03.31	2012.01.14

续表

业态	企业名称	城市	门店名称	面积（平方米）	关店时间	开业时间
超市	家乐福	广州	金沙店	10000	2016.01.10	2005.11.15
		新乡	平原路店	8000	2016.02.29	2012.05.15
		温州	汤架桥店	10000	2016.04.04	2014.01.13
	永旺	青岛	延吉路店	6000	2016.02.29	2009.11
		苏州	美思佰乐东环店	—	2016.06.30	2014.05
	华润万家	郑州	嵩山路店	—	2016.06.17	2005
	华润苏果	武汉	后湖大道店	20000	2016.04.13	2014.04
	大商集团	抚顺	将军店	—	2016.02.29	2006
	亿佰家	成都	成都店	2000	2016.01.17	2013

资料来源：新闻报道和公司年报。

1.1.1 电子商务的发展

电子商务是指买卖双方通过电子信息等方式进行的产品交易。在整个交易过程中，买卖双方仅通过电子通信的方式来进行交流和沟通，从而促成交易。在整个交易过程中，买卖双方不用见面也可以完成交易。从广义上来说，电子商务包括电话、传真等方式，一般情况而言，我们通常说的电子商务是指在网络上进行的交易。

我国电子商务发展大致经历了四个时期，如图 1-5 所示。1999~2002 年是萌芽阶段，网民少，网商更少，以 8848 为代表的一批企业折戟沉沙；2003~2007 年是兴起阶段，中小企业电子商务平台——阿里巴巴开始盈利，当当、卓越、淘宝、eBay、易趣等一批电子商务企业快速崛起，网商数量从 2004 年的 400 万家发展到 2007 年底的 3550 万家；2008~2014 年，电子商务进入爆发式增长阶段，阿里巴巴、网盛上市标志着 B2B 领域的发展进一步规范化，淘宝战略调整、百度试水 C2C 市场，意味着电子商务开始优化和细分，苏宁、国美等传统零售商纷纷跟进，PPG、红孩子、京东商城等更是引爆了整个 B2C 市场；2015 年至今是移动电商发展阶段，移动互联时代的到来使各大电商企业开始积极布局移动电子商务，如淘宝推出了淘宝无线，京东推出了手机商城等，PC 端互联网时代已经培育了用户的网络购物习惯，并在支付、物流等配套环节打下了基础。在移动电商、电信运营商和智能终端厂商的共同努力下，移动购物体验逐渐提升，用户的移动购物习惯逐渐形成，人们利用上下班路上、吃饭、睡前等碎片化的时间进行购物，移动电子商务的交易规模迅速增加。

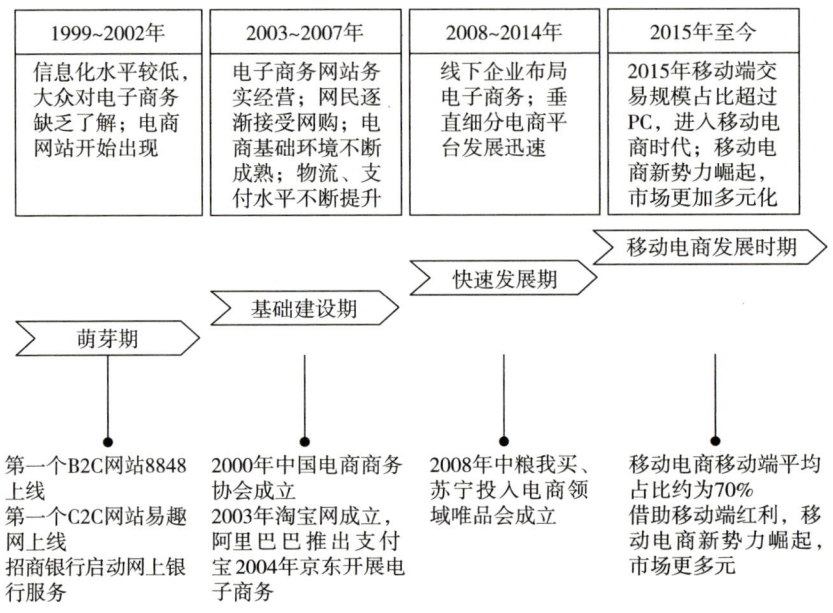

图1-5 我国电子商务发展阶段

电子商务为什么能够在短期内迅速崛起？简单来说，有以下几个方面的原因。第一，与传统商务模式相比，电子商务可以使商家及时、准确地了解销售情况和供求信息，有针对性地调整生产和销售计划，大大降低了库存成本。第二，规模化、专业化、数字化的第三方物流能帮助电子商务零售业打通流通渠道，显著地降低交易成本。艾瑞公司数据显示，网店与实体店相比，能够节省60%的运输成本和30%的运输时间，降低55%的营销成本和47%的渠道成本。第三，电子商务具有跨越时空的特点。网络可以将地理上分散的企业组织连接在一起，从单纯的地理空间进入地理空间与虚拟空间复合叠加的一个新空间。在这个新空间里，信息流和资金流通过互联网可以畅通无阻地流动，极大地拓展了商业空间和提高了交易效率。第四，电子商务能够大大缩小生产者与消费者之间的距离，实现个性化消费和柔性化生产的有效对接,尽可能地释放市场消费能力。总之,电子商务产业有效地推动了流通业、制造业、物流快递、宽带、支付等产业的发展。

作为一种创新,电子商务通过提供新的服务、新的市场和新的经济组织方式,推动着传统经济的转型升级,为广大消费者带来便利的同时也对传统零售市场形成了巨大的冲击,从这个意义上说,电子商务必将对我国经济社会产生巨大而深远的影响。

(1) 对市场竞争带来大的挑战。

我国是人口大国,对于消费品的需求也是巨大的。随着我国网络购物呈现不断发展的态势,给传统的零售业实体店带来了巨大的竞争和挑战。据中国互联网络信息中心(CNNIC)发布的第43次《中国互联网络发展状况统计报告》显示,截至2018年12月,我国网民规模已达8.29亿人,普及率达到55.8%,超过全球平均水平(51.7%)4.1个百分点,超过亚洲平均水平(46.7%)9.1个百分点。2018年共计新增网民1.12亿人,我国网民规模继续保持平稳增长,网络购物逐渐成为网民常态的消费方式。

电子商务企业更是迅速地发展壮大起来。在2011年的时候,我国电子商务企业已达25000家,电子商务已经发展成为我国第三产业的重要产业,同时与传统零售业的规模以及数量逐渐拉近持平。截至2018年底,我国电子商务(含B2B、B2C、跨境电商、O2O、电商物流)已上市的企业共48家。其中,B2B电商8家、B2C电商13家、跨境电商9家、生活服务电商11家、电商物流7家。

(2) 推动组织方式变革。

在现代经济社会,企业经营环境发生了根本性的变化。市场需求的多样化、个性化以及生产的相对过剩,使产品生命周期缩短,价格竞争加剧。原有的大规模标准化生产、海量营销模式受到了挑战,企业需要更多地从消费需求出发来组织生产和营销。电子商务正是利用其跨地域、实时化、低成本的特性,推动企业业务流程的改造,甚至创造出全新的经营模式,使原有的大规模工业生产能力对接市场上的小批量个性化需求,实现了柔性大规模定制,提高了企业市场竞争力。

(3) 造成传统实体店的高端客户群流失。

随着时代的发展,我国许多网民相对来说都受过一定的高等教育,因此,他们对生活有着更高的要求。虽然这部分网民只占我国现有的网民总数的40%，但他们是日常消费品的主力消费群体，同时也是最具经济活力和商业价值的人群。他们或是企业的"白领"人员，或是公职人员，再或是创业人员，作为新时代的人群，他们在日常零售业的消费中占据了工资的大部分收入，而在日常花销中，网络花销又占据了65%。从这一比例，我们可以看到，这部分最有消费潜力的人群逐渐转战到网络上购物，对传统零售业实体店而言，将使一大部分高端客户群流失。

（4）产品多样化、透明化带来的竞争。

与实体零售店不同，网络上的实体店不受租金以及营业时间的限制，因此，仅通过网络连接就可以将众多商品展示给潜在的消费者。相较于实体店店面租金和其他方面的成本，以及地域区间的限制，网络上的店铺不存在这些，也不用考虑这些。另外，在网上，消费者只要简单地点击鼠标，各个店铺的商品信息就会一目了然，既方便对商品信息进行比较，也方便对商家店铺信誉进行了解。更重要的是，由于网上店铺没有租金、销售等成本，因此价格相比实体店也更优惠些。

（5）增加就业、改善民生。

据调查显示，每增加1%的中小企业使用电子商务，就可带来4万个新增就业机会，每一个电子商务直接就业又可以带动约285个间接就业机会。电子商务还给人们带来了工作、生活方式的转变，使SOHO和数字化生活成为现实，人们足不出户就可以进行网上购物、网上娱乐、网上旅行预订等，极大地方便了人们的生活。更重要的是，掌握了电子商务技能的草根阶层能够通过诚信勤奋的网上经营来解决生存和发展问题，从而实现自我价值。

目前我国电子商务服务企业直接从业人员超过305万人，由电子商务间接带动的就业人数已超过2240万人。直接就业人员方面，随着电商的规模化发展以及不断向农村市场下沉，更多的传统企业加入到电商的行列，带动了电商从业人员的不断攀升。调查显示，电子商务成为女生最青睐的职业。间接带动就业人员方面，随着电子商务产业的迅猛发展，通过其衍生出来的新职业也如雨后春笋般涌现。如网络模特、店铺装修师、淘宝文案、电商主播、买手、试客等。这些新兴职业日益成为传统就业模式的补充，被越来越多的年轻人所选择。

1.1.2 移动互联网的发展

我国网购市场已进入移动消费时代。2018 年手机网民规模达 8.17 亿人,网民中使用手机上网人群的占比由 2017 年的 97.5% 提升至 98.6%;与此同时,使用电视上网的网民比例也提高了 3.2 个百分点,达 28.2%;台式电脑、笔记本电脑、平板电脑的使用率均出现下降,手机不断挤占其他个人上网设备的使用。以手机为中心的智能设备,成为"万物互联"的基础,车联网、智能家电促进了"住行"体验升级,构筑个性化、智能化应用场景。

移动支付用户规模持续扩大,截至 2018 年 6 月,我国网络购物用户和使用网上支付的用户占总体网民的比例均为 71.0%,网络购物与互联网支付已成为网民使用比例较高的应用。一方面,电子商务、社交应用、数字内容相互融合,社交电商模式拓展了电子商务业务。在此基础上,电子商务总体保持稳定发展,在协调供给侧结构性改革、拉动就业、助力乡村振兴等方面发挥了重要的作用。另一方面,绝大多数支付机构接入网联,提高了资金透明度和网络支付的安全性,手机网民中使用移动支付的比例达 71.9%。

用户消费场景使用习惯的转移及移动端自身具有的特点,使移动端成为消费者网购的普遍途径,未来移动购物将会出现以下发展趋势:

(1) 全渠道、线上线下的融合发展。

一方面,移动电商时代,消费者的需求和网购发展环境均有较大改变,用户希望随时随地精准地购买到所需的商品和服务;另一方面,由于商品供大于求,单一渠道发展的增量空间有限,线上和线下均在布局全渠道发展。线下消费体验和线上购物便利的双向需求将带来线上和线下购物期望值的融合,未来线上线下融合是新零售时代的重要发展趋势,如图 1-6 所示。

(2) 社交化分享是新营销方式。

移动社交和自媒体爆发,电商走向去中心化新模式。与传统电子商务企业通过一个平台聚集所有商家和流量的中心化模式不同,去中心化的电子商务模式是以微博、微信等移动社交平台为依托,通过自媒体粉丝经济模式的分享传播来获取用户,消费者的购买需求会在人们碎片化的社交场景中被随时激发,如图1-7 所示。例如,贝贝网开设红人街频道,融合了社交、内容及直播等新型营销方式,达人分享服饰搭配并通过与粉丝的互动引导用户消费。

图1-6 线上线下融合的原因及互相导流的比例

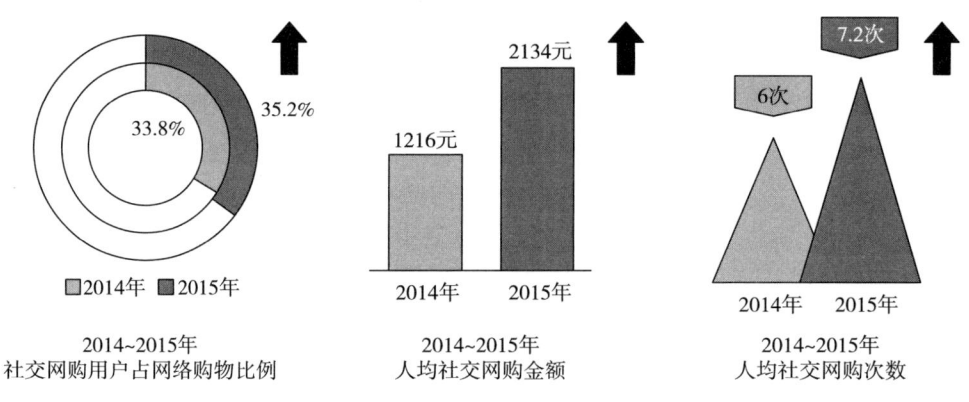

图1-7 社交化网购的发展

（3）内容化、粉丝化、场景化成为营销新方向。

消费者的路径和习惯发生了很大的变革，优质的内容如对商品的建设、推荐其实就是最强大的流量的发生器，消费者经过观看内容会产生购买某些商品、品类的渴望，这就带来了消费的机会。小红书App是最好的例子，半年的销售额达到7亿元；"一条视频"也是一个很好的例子，每天3分钟的原创视频，产生了几千万的粉丝。

App也好，自媒体也好，怎样能够构造场景，能够从消费者的角度出发，根据消费者当下的场景需求能提供非常对应的、有意义的产品或服务；或者是对消费者有一个非常好的洞察，洞察到消费者的需求并进行细分，这样才能够将电商的运营从流量的运营转变成人群的运营，从经营的运营转变成数据化的运营与决策。例如，下厨房App（见图1-8）第一次尝试电子商务，在内容里面做了松下的面包机和电饭煲的推广，都是在非常短的时间内卖光了整个品牌的库存。人群找对了，推送产品找对了，买卖相关度大，产生了巨大销售量，是一个很好的场景化案例。

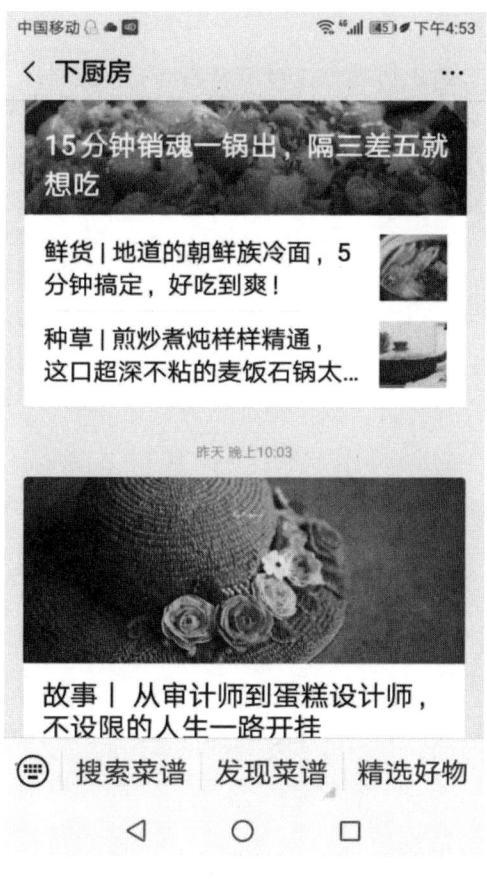

图1-8 下厨房App界面截图

随着新媒体的发展，消费者其实非常希望关注意见领袖并与他们产生互动。意见领袖推销商品的能力很强大，最典型的例子就是"罗辑思维"的创始人罗振宇，他的微博粉丝数量达到"600万+"，虽然并不是一个很大的数字，但是罗振宇推荐的书籍、货品等一般都会得到粉丝的认可。这个过程一方面是他个人有非常好的想法，可以给粉丝分享，另一方面是粉丝把能够成为罗振宇的粉丝，能跟自己的朋友说我读罗振宇推荐的书是一种荣耀，使其社交定位有所提升。

移动电商时代，用户的消费路径和习惯发生了很大的变革，从搜索到推荐，用户对精准内容要求越来越高，消费需求场景化、移动购物模式多样化已经成为吸引流量的新方式。

1.1.3 实体百货店面临的困境

美国市场营销学专家菲利普·科特勒认为：百货商店一般销售几条产品线的产品，尤其是服装、家具和家庭用品等。每一条产品线都作为一个独立的部门，由专门采购员和营业员管理。世界各国对百货商店有着不同的定义。美国商务部的定义是：百货商店是指年销售额在500万美元以上，经营消费者需要的各种服装、纺织品、家庭陈设品、家具以及收音机、电视机等，其中服装和纺织品销售额至少占销售总额20%以上的零售商店；法国比较通用的定义是：百货商店是拥有较大销售面积、自由进入、在一个建筑物中几乎提供所有消费品的零售企业，它一般实行柜台开架售货，提供附加服务，每一个商品部都可以成为一个专业商店，营业面积至少为2500平方米，至少有10个商品部；日本通商产业省的定义是：百货商店是指经营衣、食、住各种商品的比重在10%~70%、从业人员在50人以上的零售店；德国的定义：百货商店是供应大量产品的零售商店，主要产品是服装、纺织品、家庭用品、食品和娱乐品；销售方式有人员导购（如纺织品部）和自我服务（如食品部），销售面积超过3000平方米；荷兰的定义：销售面积至少有25000平方米，最少应有175名员工，营业额超过1000千万法郎，至少要有5个商品部，其中应有女装部；英国的定义：设有多个商品部，营业额至少要覆盖5大类产品，至少雇用25人。

我国对于百货商店的国家标准定义是：在一座建筑物内，经营若干大类商品，实行统一管理，分区销售，满足顾客对时尚商品多样化选择需求的零售业态。依规模大小分为三类：

一是大型百货商店。店营业面积 5000~10000 平方米以上，职工 500~2000 人以上，经营品种 1.5 万~4 万种。

二是中型百货商店。营业面积 1000~2000 平方米，职工 200~400 人，经营品种 1 万种左右。

三是小型百货商店。营业面积 200 平方米左右，职工十几人至几十人，经营品种几百种至数千种。

(1) 百货店面临环境的深刻变化。

1) 宏观环境的变化。

宏观经济进入新常态。近年来，随着经济改革的深入推进，中国经济已从 10% 左右的高速增长阶段进入到 7% 左右的中高速增长期，宏观经济进入新常态。拉动经济增长的"三驾马车"均呈现缓慢前行的态势：出口疲弱，投资低速增长，消费增长落后于预期。伴随经济增速放缓，居民收入增速也呈现出下滑态势，进而影响到消费支出。2015 年全国社会消费品零售总额为 30.1 万亿元，同比增长 10.7%，连续第 5 年增幅收窄。尽管社会消费品零售总额增速减缓，但随着消费信心持续改善，消费潜力将会逐步释放，未来消费将成为第一拉动力。

政府控制"三公消费"和反腐力度不断加强。党的十八大以来，政府控制"三公消费"和惩治腐败的力度不断加强，这不仅导致公款消费和礼品消费明显减少，服装、化妆品、箱包、首饰等中高档消费也有一定的下降。这两方面对代表中高端消费的百货行业带来了显著的影响，其表现之一就是持购物卡消费的人群明显减少，进而导致商场客单价也有一定程度的下降。

经营成本的刚性上涨。企业经营成本的上涨主要是人工、物业等成本刚性上涨。近年来，中国经济不断发展，职工工资水平也逐步升高，与工资相关的社会保险支出不断增加，这给属于劳动密集型的百货企业带来了很大的人工成本压力。同时，百货企业经营的店面面积较大，而经济的发展使店面的租金及其他各种经营费用也呈现出大幅度刚性上涨趋势，这些都导致了传统百货企业经营成本的不断上升。

2) 行业竞争环境变化。

互联网零售的冲击。近年来，互联网技术的不断革新以及互联网本身具有的跨越时空、互动性、便捷性等优势，促使互联网零售迅猛发展。根据国家统计局和中国电子商务研究中心公布的数据，实物商品全国网上零售额从 2010 年的 5131 亿元猛增至 2018 年的 90065 亿元，互联网零售的迅猛发展，不仅表现为天猫、京东等互联网零售平台的快速壮大，而且还表现为许多品牌商自建自营的线上交易平台。后者促使品牌商对零售渠道商的依赖性逐步下降。随着越来越多的消费者从实体店购物转向在线购物，传统百货企业的顾客不断流失导致企业营业收入和盈利能力不断下降，在互联网零售的冲击下，传统百货业的生存环境进一步恶化。

行业内同质化竞争和跨行业竞争激烈。国内百货企业普遍采用的是联营的经营模式，在这种模式下，企业只是负责引进品牌商，而商品组合和营销策略的控制权主要掌握在品牌商手中，因此百货店经营的商品种类、品牌类型等差异化程度低，千店一面，这导致百货业同质化竞争非常严重。同时，其他业态的发展和规模的扩大，如购物中心、商业综合体和奥特莱斯这些业态的商场数量的增加，也促使行业竞争不断加剧，因为这些业态的商场同样只是负责品牌引进，其所经营商品和品牌与百货店同样存在很大的重叠度，进而对百货商场产生分流作用，并影响百货业整体绩效。

（2）百货店面临的挑战。

在社会商品极为丰富的今天，百货业面临的已不仅仅是市场经济带来的服务理念的变化，作为单一零售渠道，这个行业本身难以满足消费者购物需求的多样化。越来越多的百货商店沦为网购的"试衣间"，销售模式过于单一也引发了不少知名品牌和产品纷纷撤出传统百货商场。尽管各大百货商场都会积极招商，但也有顾客表示这里的购物环境不尽如人意，让消费者没有购物兴趣。与之相比新潮的购物中心品类齐全，还配有餐饮、电影等一系列业态组合，更容易吸引消费者的注意力。而网购巨大的灵活性和海量的商品列表减轻了消费者横向比较的负担，同时由于减免了店租等额外支出的负担，货品价格也相对实体商业较低。与此同时，许多传统百货商场因为建筑结构较为陈旧，场地面积往往有限，存在改制无法实施的问题。具体如下：

1）经营观念和模式落后。

目前我国大部分的传统百货店都是以向商户收取店面租金来进行经营，这就是所谓的"联营"模式。"联营"模式给顾客的印象就是除去了牌子，其内在还是一样的，一些大城市的百货商场对原来的经营模式已经在一定程度上进行了改革,如从国外引入先进的、成熟的经营模式,再引入一些国际知名的品牌吸引人群,但是实际上,百货业只是在扩大营业面积和对装修进行升级方面做得比较好,对经营中的理念和管理模式的提升相对缓慢,不能及时地改变企业的经营理念。尤其是在一些中小城市,百货商场仍然沿用的是传统百货商场的经营模式,并没有找准自身的定位,使整个行业同质化程度高,自身特点特色难以得到体现,难以形成竞争优势。

2)成本不断上升,企业经营负担加重。

近几年,物价上涨较快,消费者实际收入减少,成本上升,消费能力下降。同时,零售企业的各项成本受到影响,不断提升。百货公司的运营成本上升主要是由于企业店面租金的提升、企业人才成本的上升、企业流通成本的上升,并且企业的宣传费用也相应提高,据有关企业调查,聘请人工成本上升15%,企业店面续租的费用上涨达到30%。这些对净利润率长期停留在1%~3%的零售企业来说是极大的负担,是经营过程中必须克服的挑战和困难。

3)品牌同质化程度高。

零售的功能性是传统零售业发展的必然结果,不同的零售业态所定位的功能也不相同,传统百货一直以服装服饰、鞋帽箱包、化妆护肤品等高毛利的品类为主,将同一品类的商品聚集在一起进行关联销售是传统百货的根本原则。所以百货是按照品牌提供的商品品类划分,而不是按照消费者需求划分。简而言之,百货按供给方划分功能,而不是按需求方划分功能。当市场权重向消费者倾斜时,尤其是在面对网店等市场自由化极度发展的模式时,卖方必须做出让步。

商场内成人鞋服、儿童鞋服、内衣等各个品类的品牌同质化程度高。男装主要集中在九牧王、帝牌、金利来等商务男装品牌;女装基本被拉夏贝尔、艾格、ochirly等品牌所涵盖;童装则由 Balabala、格林等品牌所占领;部分运动品牌,如耐克、阿迪达斯等已进军儿童鞋服市场;内衣则以爱慕、古今等知名品牌为主。这些品类的不同品牌由于品牌定位雷同,款式相似,产品价位接近,导致品牌互斥,在同一店内竞争激烈。

4)电子商务造成的强烈冲击。

尽管其他各个方面的因素对传统零售业有一定的影响,但是对其冲击力最大的还是电子商务。首先,近几年我国的消费市场比较低迷,电子商务发展却相反,电子商务市场非常火爆。随着网络技术和电子商务的不断发展,网络零售业增长快速，网购的群体开始不断扩大，网购的模式也不断改变，使得网购在零售业市场占据的份额越来越大。其次，移动客户端的数量也在不断增长，线下体验、线上购买已是消费者的购物习惯，传统百货业的发展面临着更大的困难，并且网购这一习惯遍及多个领域。电子商务的快速发展已经使传统零售业企业的客户大量流失，将传统零售业的毛利率压到了最低。

5）商品价格虚高。

百货商场为消费者提供的商品类别繁多，致使管理复杂且需要大量人力资源，另外商场的经营面积大、地理位置优越、服务和购物环境良好都是百货商场在经营上无法降低销售成本及商品价格的原因。只有良好的购物环境才能吸引客流，而商场用于装修、维护的这部分费用需由品牌经销商支付，品牌商和商品供货商还要给商场缴纳进场费，其中包括仓储费、广告宣传费、海报费、促销费等，品牌商还经常被要求参与商场举行的节假日折扣及会员的优惠折扣，这意味着品牌商在对商品进行定价时必须留足对应的价格空间；就百货商场的服装来说，一件服装从厂家进入商场经历了多层次的代理：服装厂家—总代理—区域代理—经销商—商场，这些都是服装售价高的直接原因。不仅如此，百货商场的房租和人工成本，最终也转化为价格，这就使百货商场在价格上无法和电商抗衡。

6）商场促销手段乏力。

百货行业进入的"门槛"较低，由于中国的城市规划没有英美等国家那么严格，造成商场数量不断增加，商场的增长数量相对于城市居民的收入增长水平较快，现已处于饱和状态。在同一区域内的百货商场为增加效益，纷纷选择打价格战来增加销售量，因此，促销成了各大百货商场最惯用的营销策略之一，为提升销售业绩，增强商场吸引力，汇集人气，各百货商场最常用的是打折促销、有奖销售、买一赠一及满减等传统的促销手段，其促销频率高，力度大。供货商亦希望通过一系列的折扣来提高销量从而提升品牌影响力。百货商场采用的促销手段有非价格促销和价格促销两种形式，非价格促销注重商场品牌形象的宣传与推广，而价格促销则是通过降低价格带动产品销量的提升。其中，属于价格促销的有现金折扣、赠抵扣券、满减券，其他形式均为非价格促销，如VIP积分、礼品赠送、抽奖、游戏竞争等。由于百货商场在定位上存在差异，在促销方式的选择上也会有所不同，高档定位的百货商场会选择非价格型促销来提升品牌形象，而定位在中档或中高档的百货商场，其主要促销手段就是价格促销。

1.1.4 全渠道发展的必然

全渠道是伴随着移动网络和大数据而产生的新概念。"全渠道营销"实际上就是企业把实体渠道与虚拟电子渠道有机地协同起来，网络精准营销加强与消费者的互动，以便取得最佳的经营绩效。各种前台、后台系统一体化，提供一种永远联动的无缝化体验，实现渠道间和谐（Harmonious）、同步化（Synergetic）、一体化（Integrated）。现在的顾客不再满足于使用单一渠道进行购物，而是更倾向于根据不同需要，通过多种设备，进行多渠道的组合（Piotrowicz & Cuthbertson, 2014）。Brynjolfsson Hu 和 Rahman（2013）指出消费者每天的日常活动要用到智能手机、平板电脑、笔记本电脑以及其他的电子设备，实体店的店员也把这些设备作为与顾客联系的工具，这些设备自然就成了零售商全渠道环节的一部分。这些组合不仅为顾客提供了无缝的购物体验，而且是零售商加强客户关系、提升公司业绩的好办法。特别是新生代消费者，他们的消费理念是"想要的要马上买到"，因此他们更渴望有一个平台，任他们自由、方便地在各种购物渠道之间进行转换（Sterneckert, 2015），这些在线的电子商务平台，能给消费者提供更多的产品信息、较低的搜索成本、查看别人的评价反馈意见、进行价格比较、方便快捷的支付方式等（Grewal et al., 2004）。这些平台零售商可以给消费者提供全年无休服务，以及比实体店更为宽泛的产品选择（Rigby, 2011; Agatz et al., 2008），这些所有的购物过程——浏览、购买、支付、收货、评价等都是在消费者舒适的家中进行的（Zhang et al., 2010）。智能手机、平板电脑、笔记本电脑以及其他的电子设备自然成了购物的必备设备，消费者不仅每天的日常活动都要用到这些设备，而且实体店的店员也把这些设备作为与顾客联系的方式（Brynjolfsson Hu & Rahman, 2013）。移动互联时代的到来，为企业采用全渠道营销策略提供了必要条件及可能性，也就是一个顾客在购买商品时可能用到各种渠道，享受各个渠道带来的便利性，顾客可能在移动端寻找产品信息，然后到附近的实体店去购买，而售后服务等又是从网上获得。全渠道营销策略中，如果零售商能有效整合各渠道，则渠道之间的融合度就高，其协同效应也能慢慢体现（Herhausen et al., 2015）。因此，全渠道营销是一个以消费者为中心的营销模式，商家不仅要了解消费者的兴趣、偏好，还要和每一个消费者保持持续的沟通，它的最大特征正如零售巨头沃尔玛 CEO Mike Duke 所提出的"SoLoMoPe"，即 SO

（社交化）+LO（本地化）+MO（移动化）+PE（个性化）。我国零售企业已经达成了这样的共识：由技术和顾客需求推动的移动互联网时代已到来，零售企业必须借助互联网平台开展全渠道零售（刘向东，2014）。

1.2 研究意义

（1）学术价值。

本书依据移动互联时代内外部环境的变化给实体零售企业带来的挑战及机遇，研究实体零售企业实施全渠道零售中出现的机遇及挑战，借鉴国内外实施全渠道模式的相关经验及策略，为我国实体百货业的全渠道转型提出了可行的实施方案，学术上契合了我国实体零售企业转型亟需理论和方法指导的背景，能够丰富国内实体零售企业转型理论和全渠道经营管理理论。

（2）应用价值。

对实体零售企业实施全渠道零售模式问题的研究，可为政府制定相关政策和企业经营决策提供参考；对实体百货构建全渠道模式的研究，可以避免各渠道因追求自身利益最大化而损害整个系统的利益，可以促进全渠道零售各参与成员的共同、协调发展，谋求全渠道零售企业整体的效益最大化，并为实体零售企业实施全渠道零售策略提供对策及建议。

1.3 国内外研究现状

1.3.1 国内外相关研究的学术史梳理

零售业的演化遵循着"实体店时代→电商时代→多渠道时代→全渠道时代"的发展路径（Burdin，2013），向全渠道零售转型是必然趋势。"全渠道零售"（Omni-channel Retailing）一词出现于2009年，Derrell Rigby于2011年在《哈佛商业评论》上发表的《购物的未来》，首次给出了全渠道零售的定义，随后学者们从全渠道零售的内涵（Burdin，2013；李飞，2013；齐永智、张梦霞，2014）、组成要件（Dubarry，2012；Avensia，2014）、全渠道营销特征（李飞，2015；Ross，2016）、面临的竞争与机会（Ahmed，2015）等方面展开了研究。

Coser（1956）最早关注到了实体零售中的渠道冲突现象，即多个渠道成员之间为争夺企业内部资源和外部资源而进行的损害、排除或抵销竞争者的行为（Stern，2001）。随着电子商务的发展，所有使用电子商务的企业都需要解决网络渠道与传统渠道相冲突的问题（Gilbert et al.，2000；姜国政，2005；Rosenbloom，2007；汪旭晖，2014）。全渠道零售企业面临着实体店铺、网络店铺、社交媒体等各渠道的整合、协同问题，其渠道冲突更是比较突出的挑战（Kersmark，2014；Staflund，2015；郑丽，2016；Lee & Zach W. Y.，2018）。实体零售企业在全渠道转型过程中，如何整合渠道资源、化解渠道冲突、协同渠道力量，是关系到能否成功转型的重要问题，值得深入研究。

1.3.2 国内外相关研究动态

（1）实体零售企业转型模式的研究。

互联网出现之前，零售企业都是以传统实体商店的形式出现的。随着电子商务的兴起，实体零售企业开始关注向电子商务的转型，概括起来转型电子商务的11种模式为：电子商店、电子商城、虚拟社区、电子采购、信息中介、信用服务、价值链整合商等（Timmers，1998）。实体零售企业抓住了这一转型时机，以构建B2C模式的电子商务平台为其最典型的转型模式（张兵，2000；沈瑞山，2004），即"水泥+鼠标"的创新模式（宋倩，2013）。随着移动技术的成熟，人们尝试通过智能手机将线上与线下对接，就出现了O2O这种特定商业模式（卢益清，2013），即"移动应用+移动商务"创新模式。社交媒体的出现，消费者行为最大的特点是"SoLoMoPe（社交化、本地化、移动化、个性化）"，这也就意味着实体零售企业必须在全社交媒介、全销售渠道和全消费时段以个性化的方式去迎合消费者需求，实体零售企业将逐步演变为全体验性业态，以更好地适应消费者全体验性消费的需求（洪涛，2015）。转变商业运作模式，打造新的营销模式，充分利用移动互联网和App（包括微信）的服务，线上线下相互配合，实现向全渠道零售转型（Martinho，2012；Dorman，2013；刘向东，2014；

任兴洲，2016；Shannon，2016；高梦浠，2019）。2019年以后的2~5年，70%以上的实体店都将实现全渠道的转型（Jim Dudlicek，2019）。

以上研究可以看出，现有的研究主要集中于实体零售企业转型的主要模式及其必要条件上，由于全渠道转型还在实践探索中，对于全渠道零售经营模式的适用条件、面临的问题还有待进一步梳理、完善，特别是对正在向实施全渠道零售转型的典型实体零售企业，其转型机理还有待深入调研。

（2）全渠道零售的运行机制研究。

随着互联网、移动信息技术的发展，消费者消费习惯的改变（刘向东，2014），零售企业可以通过包括实体店、目录直邮、呼叫中心、上门服务、网站、服务终端、移动设备、社交媒体等各种渠道与客户进行互动，消费者在网上对商品信息进行比较、选择，在实体店进行试穿、试用，而在移动端实现真正的购买，这预示着全渠道零售的到来（Rigby，2011）。全渠道零售实际上就是零售商把实体渠道与虚拟电子渠道有机地协同起来并建立一个平台，加强与消费者的互动，实现各种前台、后台系统一体化，提供一种永远联动的无缝化体验，实现渠道间和谐化（Harmonious）、同步化（Synergetic）、一体化（Integrated）（李飞，2013）。通过该平台，能给消费者提供产品信息、用户评价反馈意见、方便快捷的支付方式、较低的搜索成本、价格比较等无缝购物体验（Grewal，2014；Jafari，2015）。消费者每天日常活动用到的智能手机、平板电脑、笔记本电脑以及其他的电子设备，成了零售企业全渠道环节的一部分，为其提供了无缝的购物体验，也是零售企业加强客户关系、提升公司业绩的渠道（Brynjolfsson，2013；Hu & Rahman，2013；Ross，2016）。由此可见，全渠道零售是一个以消费者为中心的模式，它的最大特征是SoLoMoPe（Mitsotergiou，2016）。

以上研究可以看出，目前对于全渠道零售的研究主要集中于全渠道零售的概念、现象、相关特征的研究，忽略了全渠道零售的起因、消费者对全渠道零售的认知、全渠道零售发展过程中可能遇到的制约因素，以及国内外现有的成功经验的归纳、总结。

（3）全渠道零售实施策略的研究。

移动互联时代消费者追求的是随时、随地、无缝的购物体验（Zhang，2010；Vedamani，2015），全渠道零售的一切策略都是围绕"消费者中心"这个宗旨进行的（颜艳春，2015）。它始于对顾客需求和消费行为的理解及消费者认知度调查（Dorman，2013），然后设计如何把品牌融入到顾客生活习惯和生活方式中去的产品，选取恰当的技术通过实体店、网站、移动终端等渠道，向顾客传递高效、愉悦、无缝的购物体验，从而实现自身利益的增长（曹班石，2013；方芳，2013；刘煜、汤定娜，2015）。目前全渠道零售策略主要体现在统一的信息平台建立（Adielsson，2015；Savastano，2019）、消费者参与（颜艳春，2015）、社交媒体利用（Saghiri，2016）、物流整合（Lapide，2016）、线上下单线下提货（Martinho，2012；Kiwamu，2013）等方面，也有学者从政府的层面关注公共设施的完善、个人隐私的保护、支付安全等对全渠道零售提出了政策建议。全渠道零售实施过程中的成本、战略、文化协同等问题也受到学者们的关注（Adielsson，2015；王国顺，2015；Tim Ross，2016；Emma Sopadjieva，2017）。也有学者对梅西百货、苏宁电器、沃尔玛等全渠道零售策略的具体实践进行了案例研究（吴兴杰，2013；吴冠其，2014；刘琼，2016；谷鹏，2017；Bentonville & Ark，2018），总结了他们在全渠道零售方面的具体做法及值得深入思考的问题。

从以上研究可以看出，有效的营销策略是全渠道零售成功实施的必要条件，目前的研究主要停留在对相关措施、策略的探讨阶段，还没有形成一个较为完善的以消费者为中心的全渠道零售策略体系，对政府相关配套措施的研究也较为欠缺。

综上所述，目前国内学者对于全渠道零售模式的研究已较为丰富，但是在全渠道零售所面临的风险及挑战，国内外实体百货业转型的成功经验的总结，以及系统地对实体百货业全渠道零售模式、转型方式、全渠道的构建及相应的实施策略等方面有所欠缺，这些内容的完善化、系统化将在借鉴相关实体零售企业转型成功经验的基础上，在本书中进行深入探讨。

1.4 研究主要内容

本书主要研究移动互联网时代中小型实体百货店的全渠道零售转型问题。首先分析目前实体百货业面临的生死攸关的问题，其次考虑技术发展、消费者行为变化等情景下，全渠道零售的必然趋势及实施策略。全书共分为五大部分，主要

内容如下:

第一部分为绪论部分(第1章),主要介绍本著作的研究背景、意义、研究现状以及研究主要内容,给出了本著作写作的必要性及基本思路。

第二部分研究了百货业的发展历程(第2章、第3章)。主要介绍了国内外百货业的发展历程。国外的内容主要包括有关零售业演化的环境理论、循环(或周期)理论和冲突理论三大基本理论,以及日本、美国的零售业演化的形态;国内的百货业的发展主要理论可以归纳为环境理论、循环理论、冲突理论和混合理论四大理论,但是具体表现和国外的有所不同,研究了我国百货业从最初的萌芽阶段到现在全渠道零售的发展历程,指出全渠道零售转型是其必由之路。然后对全渠道零售的含义、特征、基本框架、影响因素、面临的挑战和全渠道时代的消费者进行了深入调研,研究其特征及对全渠道零售的认知。

第三部分为国内外实体百货转型的实践研究(第4章、第5章)。国外的实体百货转型主要选择了梅西百货、百思买、airbnb短租、星巴克等典型的全渠道零售转型案例进行研究,发现这些实体百货始终围绕着全渠道经营模式的核心为顾客提供高性价比的商品,更加便利和优质的服务,以及提升顾客整体价值,以达到提高零售业的整体竞争力的目的;国内的实体百货主要选择了银泰百货、苏宁电器等作为典型的案例进行研究,发现线上线下业务融合的服务能力有待提升、网络业务平台及设施急需完备、渠道直接信息有待进一步协调等问题是国内实体百货转型过程中普遍存在的问题。

第四部分为中小百货店全渠道零售转型的构建(第6章、第7章)。实体百货全渠道零售实际上是对企业发展战略、经营模式、营销策划、产品设计、供应链等一系列经营活动的整合,构建实体店、线上商城、App、新媒体、LBS等相结合的多渠道的协同,为消费者提供无缝购物体验,一定要围绕用户、商品和场景,通过数据服务实现线上线下的融会贯通,移动支付、场景互联、社交服务将成为全渠道零售发展的三大方向。

第五部分为对百货业未来发展的展望(第8章)。本部分主要介绍了新零售时代的特征、实现路径及该时代背景下消费者的特征,给出了新零售时代实体百货转型的基本策略。

2 百货业发展历程研究

零售业态的大变迁几乎每次都既有预兆，又令人感到突然，因此常被称为零售革命。零售公司对之反应不及时或其行动方向发生错误就会导致零售创新失败。零售领域的研究者长期关注零售业态演化理论，期望探索并发现零售业态的演化规律，使零售企业的决策者可据此进行预判并采取恰当的创新反应行动，从而避免企业在零售革命中被淘汰。纵观世界零售业态演化理论的形成和发展过程，可以发现一个较清晰的脉络：20世纪30年代，欧美学者提出零售演化的思想；50年代，相关理论（如零售轮理论等）出现；60~90年代，欧美及日本学者对零售演化理论进行了完善和发展；90年代中期，中国学者开始引入并开展一些验证性研究；此后，国际上关于零售业态演化的文献零星出现，但再也未形成新的研究热潮。

但在实践中，零售业态仍在不断演化，特别是受互联网技术发展推动的线上零售业的发展带来了零售业态演化的新问题：线上零售如何占领线下零售的已有阵地；线下零售如何应对线上零售的挑战；两者融合的演化趋势如何；等等。这些为零售业态演化理论开辟了新的研究空间。

2.1 国外百货业发展历程

2.1.1 国外百货业演化理论

从20世纪30年代至80年代末期，作者来自欧美的零售业演化理论研究的论文有150篇，演化理论研究在60年代达到高峰，80年代后期和90年代初期重新引起学者们的兴趣。20世纪80年代以前，零售业演化理论是营销研究中发最为突出的领域之一，90 年代末期以后，相关文献变得非常稀少。日本对零售业态演化的研究始于 20 世纪 70 年代，在久保村隆裕和荒川裕吉合著的《商业学》中介绍并讨论了零售轮和真空地带等零售演化理论。80 年代和 90 年代，日本出现了研究零售业态演化理论的小高潮，有学者开始系统介绍欧美零售业态变迁理论，并进行了一些创新研究，获得了一些有价值的成果。

英国 Ulster 大学的学者 Brown 曾对西方 20 世纪 80 年代之前的相关研究成果进行过详细综述，将零售组织演化的基本理论归纳为环境理论、循环（或周期）理论和冲突理论三大理论，并认为这三大基本理论互相渗透会形成新的混合理论。

（1）环境理论。

零售组织演化的环境理论（Environmental Theory）认为，零售业态变革是政治、法律、文化、经济、技术和自然等宏观环境，以及消费者、竞争者和合作者等微观环境变化的反映。一些学者将百货商店的产生作为环境理论的佐证，认为 19 世纪中后期百货商店在欧美得到发展源于环境的变化——中产阶级的新需求、高效率城市交通系统的发展以及顾客对固定价格（非讨价还价）的偏好。环境理论可细分为宏观零售理论和生物进化理论，后者包括调适理论、组织进化论和生态进化论等。

1）宏观零售理论。

Rosenbloom 和 Schiffman 就宏观环境对零售业态变革的影响进行了总结，提出了宏观零售（Macro – retailing）理论。主张宏观零售理论的学者不仅研究人口规模、人口密度和人口增长率，以及人均收入水平和就业水平等因素对零售业态演化的影响，而且考虑政治、法律、经济、社会、文化、技术和自然等环境因素的影响。有些关注若干宏观环境因素的影响，有些关注单一因素的影响。例如，Thomas 关注社会因素的影响，认为新形成的中产阶级既脱离了社会底层，也无法进入上层，因此产生不安全感，而百货商店的一流服务令他们获得了身份认同感，宽敞的店堂给他们提供了交往的空间，是中产阶级催生了百货商店。学术界就宏观环境对零售业态变革的影响已基本达成共识，一些国际流行的教材，如《零售学》都将宏观环境分析作为重要内容进行讨论。

2）生物进化理论。

该理论主要是将达尔文的生物进化论引入零售业变革分析中。与宏观零售理论不同，它更强调零售企业对环境的适应性调整，更突出企业组织自身的主动性。生物进化理论可分为调适理论、组织进化论和生态进化论等。

2 百货业发展历程研究

调适理论也被译为调整理论或自我选择理论。该理论的创始人 Uist 认为，零售业态只有根据环境变化不断调整，才能得以生存和发展、免遭淘汰，这是一种自然选择，适合的零售"物种"才能生存下来。Roth 和 Klein 认为，零售业态演化是生存环境与企业家行动决策互动的结果。Evans、Barnes 和 Schlacter 认为，零售业态是有生命的和开放性的系统，会在环境中搜集威胁和机会信号并采取适应性行动，从而导致业态发生变化，因此管理决策和信息系统的引入对于管理零售业态变革而言非常重要。

组织进化理论也被称为自然淘汰理论，由 Dreesman 于 1968 年提出。他认为：零售组织进化与达尔文的生物进化理论相吻合，都强调适者生存；与生物进化一样，零售组织进化中新业态的产生也是突然而猛烈的，且会持续较长时间。该理论的核心内容是：零售业的发展变化必须与社会经济环境——如生产结构、技术革新、消费增长及竞争态势等相适应。越能适应这些环境变化的零售业态越能生存久远，否则自然会被淘汰或走向衰落。

生态进化理论由 Markin 和 Duncan 于 1981 年提出。他们认为，与生物物种一样，零售业态之间具有互相依存的关系并存在三种生态现象：一是寄生，即一种业态的存在依赖于另一种业态的存在；二是共生，如不同业态共享一个购物中心或商业街；三是互利，如独立零售商为实现共同利益而缔结采购联盟。零售企业必须调整战略适应环境变化，从而引起零售组织变革。

（2）循环理论。

零售组织演化的循环理论也被称为周期理论。该理论认为，零售业态的演化具有周期性，新业态具有旧业态的一些特征。循环理论包括四个重要理论：零售手风琴理论、零售轮理论、零售生命周期理论和零售两极理论。

1）零售手风琴理论。

1943 年，Howe 注意到零售业态的商品组合变化，Hall、KnApp 和 Winsten 于 1961 年以及 Brand 于 1963 年先后提出用商品组合宽度解释零售形态的理论，Hollander 于 1966 年将该理论命名为零售手风琴理论。

零售手风琴理论的具体内容是：零售商品经营范围的变化显示出轮回的规律性，导致业态变化。在一定时期内，经营商品范围较广的综合商店较流行；在一段时间后，综合商店向专业商店转化，而后又回归至综合商店。这种扩张—收缩—扩张的规律变化如同拉手风琴时的风囊变化，因此称之为零售手风琴理论。

图 2-1 显示了美国零售业演化的手风琴风囊形态。

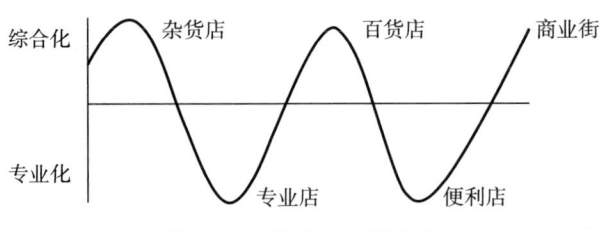

图 2-1 零售手风琴理论

2）零售轮理论。

美国哈佛商学院的 McNair 于 1958 年提出了著名的零售轮理论。他认为：新旧零售业态的变革和交替具有周期性，这种周期性好似车轮旋转。具体而言：一种新的零售业态在出现时总以低档定位、低毛利率、低价格切入市场，据此与旧有的、成熟的零售业态进行抗争；在获得成功后，新的零售业态会引来众多仿效者，从而形成新业态之间的低价格竞争；进而各新业态被迫开展价格以外的竞争，如改善设施、美化店堂和增加服务等，这无形中增加了投资和经营费用，于是零售商不得不逐渐提高商品售价，导致价格水平逐渐趋近于旧有业态，新业态最终进入高档定位、高毛利率、高价格的发展轨道；与此同时，又有新的业态抓住空档和机会，仍以低价挤入市场，于是轮子重新转动而进入下一轮循环，这样循环往复，新的业态不断产生，如图 2-2 所示。

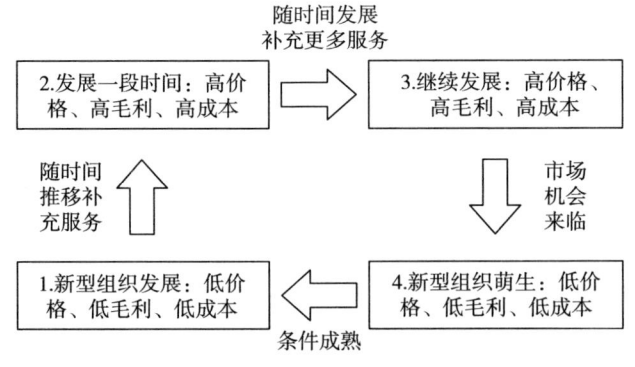

图 2-2 零售轮理论

有学者认为，"该理论以零售企业经营的高级化为基础，可以较好地解释百货商店、超市和廉价店三种零售业态的出现，但是，方便商店、郊外购物中心在刚出现时却都是以高成本、高差价率挤入市场的"。可见，该理论具有一定的局限性。

3）零售生命周期理论。

1976年，Davison、Bates和Bass共同提出了零售生命周期理论，认为零售业态演化经历了产生、成长、成熟和衰退的发展过程，该理论的具体内容是：零售生命周期包括产生、成长、成熟和衰落四个阶段。在产生阶段，变革旧有的传统零售业态、创造新的零售业态，一般着眼于降低费用或为顾客提供便利等；在成长阶段，新业态在市场中的占比上升，传统业态受到冲击；在成熟阶段，新业态的市场份额基本稳定、利润增加速度趋缓，新业态可能遭遇更新业态的挑战；在衰落阶段，新业态的市场份额大大减少、利润下降，新业态无力与更新业态竞争，呈现出不景气状态。零售生命周期如图2-3所示。

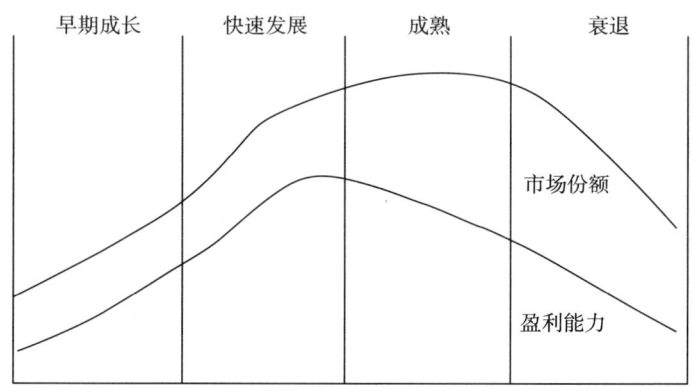

图2-3 零售生命周期

4）零售两极理论。

Dressman和Schary最早发现了零售两极现象，Kirby于1976年命名了该理论。该理论认为：零售业态呈现出大型店铺和小型店铺并存发展的态势，各自有自己的生存和发展空间，大型店铺靠规模取胜，小型店铺靠填补空隙生存，一个典型的例子是大型超市与小型便利店并存发展。

有学者进一步研究发现：两极现象不仅存在于店铺大小方面，而且存在于零售业态的多个方面。例如，零售轮理论揭示了价格两极化并存发展，零售手风琴理论揭示了商品种类两极化并存发展等。零售两极理论模型如图2-4所示。

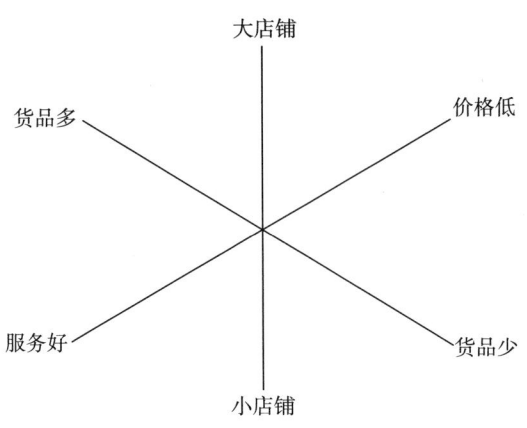

图 2-4 零售两极理论模型

(3) 冲突理论。

零售组织演化的冲突理论认为,零售业态演化部分上是由各业态之间和同一业态内部发生的一系列冲突引发的。例如,折扣商店的出现使百货商店产生两方面变革:一是进行模仿,开设折扣专区或独立的折扣商店,二是进行新的差异化设计,向更高端的百货商店发展。零售冲突理论包括三种理论观点,即危机反应模型、辩证发展理论和真空地带理论。

1) 危机反应模型。

危机反应模型认为,一种业态在受到竞争威胁而感到压力时就会采取反应行动,寻求生存和发展机会,挑战和反应两方面的行为形成了现有的零售组织结构。Fink、Baek 和 Taaae 提出的危机反应模型将现有业态在面对革新业态时的危机应对分为四个阶段:震感、防御、认知和适应。在第一阶段,现有业态在面临业态革新现象时会觉察到震感,但不会感到有太大威胁。在第二阶段,现有业态会感到压力和威胁,进而采取舆论攻击、督促政府出台限制政策等防御措施,如独立店铺面对连锁店的发展会实施诸如建议政府实施反垄断法案等防御性撤退策略。在第三阶段,面对防御性措施的有限性,现有业态意识到必须直接反击、不能被动防御,因此开始采取直接的应对措施。在第四阶段,形成现有业态与革新业态的均衡态势,这孕育着下一次冲突的发生。

2）辩证发展理论。

1968年Uist提出了辩证发展理论，以冲突理论为基础，运用黑格尔哲学中的正、反、合原理说明并揭示了零售组织的变化规律。其中："正"是指现存的零售类型；"反"是指其对立面；"合"是指两者竞争的结果。零售组织就是这样周而复始地向前变化、发展着。

Maronick和Walker在合著的《零售企业的辩证演变过程》一书中，基于美国汽油零售业的发展历史验证了正、反、合的辩证发展定律。百货商店和折扣商店的演变也证明了这一定律。有学者认为，超级市场的产生也是百货店（正）和廉价店（反）综合的结果，如图2-5所示。

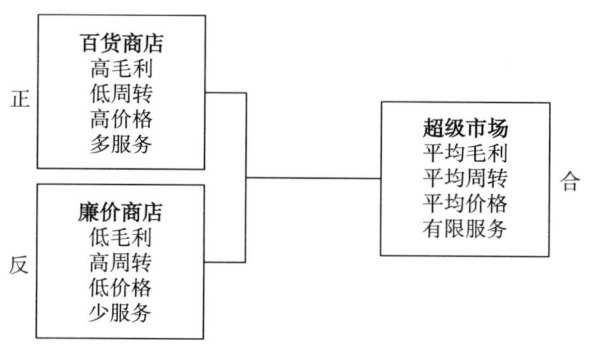

图2-5 零售辩证发展理论

3）真空地带理论。

1966年丹麦学者Nielsen创立了真空地带理论。该理论假设消费者具有多样化和多变性的消费偏好，并称新产生的、未被现有零售业态满足的偏好为真空地带，它是新型零售业态产生的原因。真空地带理论的具体内容是：绝大多数消费者偏好于中档价格和中档服务，这使低价格—少服务的零售商和高价格—多服务的零售商向中价格、中等服务靠拢，最终导致高服务—高价格的零售商与低服务—低价格组合的零售商消失，从而产生两个方向的真空地带即空白部分，而新进入者正是以这个真空地带为目标，从而导致新业态产生或出现低价店，或出现高价店。图2-6显示了真空地带理论的作用过程。

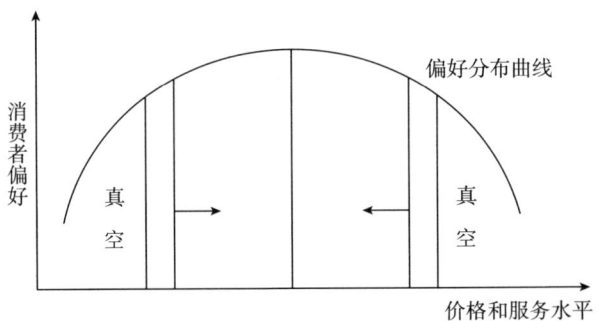

图 2-6 零售真空地带理论

(4) 混合理论。

尽管有学者认为环境理论、周期或循环理论和冲突理论是各自独立的三大理论，但是不少学者认为这三大理论并不是独立发生作用的，有时是结合在一起发生作用的，存在诸多融合，据此提出混合理论。混合理论主要包括环境—循环理论、循环—冲突理论、环境—冲突理论和环境—循环—冲突理论。这四个理论的形成是前述三大理论融合的结果。从图 2-7 中可看出各零售演化理论之间的融合关系。

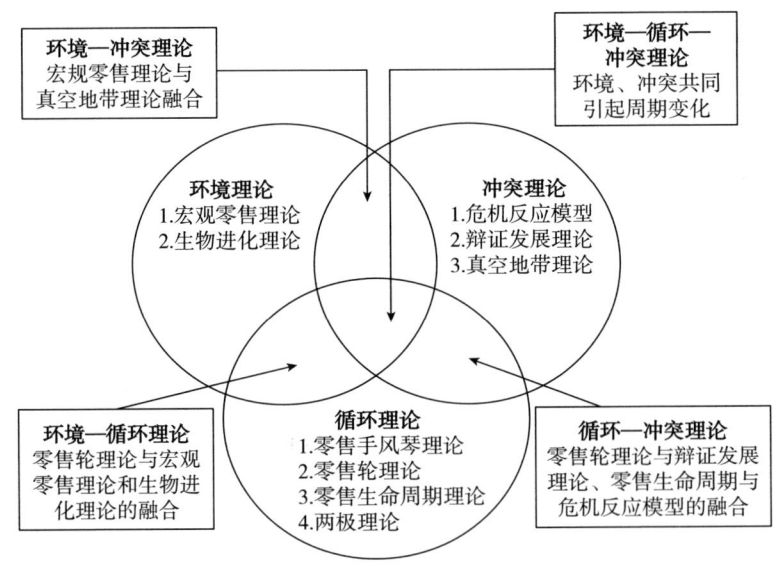

图 2-7 零售混合理论

1) 环境—循环理论。

环境—循环理论认为零售业态存在周期变化，这种变化与政治、经济、法律、社会、文化、技术和自然等宏观环境的变化息息相关。该理论融合了环境理论、零售轮理论以及生命周期理论。

Cox 将环境理论与零售轮理论相结合进行研究。1958 年，他对零售轮理论进行评价时指出：零售轮随着环境的不断变化而向前行进，不会回到原来的位置，零售轮的转动受到环境变化的影响。

Deiderick 和 Dodge 将环境理论与零售轮理论、零售生命周期理论相结合进行研究。他们认为：零售轮理论从价格、产品线和空间变化三个方面分析周期变化，而若将这些变化与零售组织生命周期理论相结合，则会发现新业态的产生是为了适应环境变化的挑战。

2）循环——冲突理论。

面对一些学者对零售轮理论和零售生命周期理论"忽视传统零售商反应"的批评，周期理论倡导者在后续研究中引入了基于竞争视角的冲突理论。例如，Gist 将归属于循环理论的零售轮理论和归属于冲突理论的辩证发展理论相融合，提出旧有业态代表正方、革新业态代表反方，而合方形成的更新业态就是正反双方融合的结果。又如 Izraeli 提出了零售三轮理论，揭示出零售轮的周期变化源于传统零售业态对新进入业态冲击的反应：而对竞争对手的影响，高端零售业态会向下调整、低端零售业态会向上调整，从而出现趋同现象，而高、低端业态出现空档给新型的高端零售业态和低端零售业态的产生带来了机会，同时这三个轮子不断重复轮转，如图 2-8 所示。其中，1 轮和 2 轮分别代表从高端和低端进入的创新者集合，3 轮代表现有的传统零售商集合。

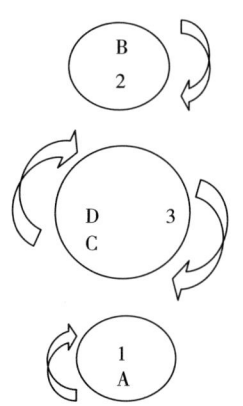

A：低端创新
B：高端创新
C：低端传统零售商
D：高端传统零售商

图 2-8 零售循环—冲突理论

3）环境—冲突理论。

环境—冲突理论将环境与冲突理论相结合解释零售业态的演化，主要有竞争优势理论和简单化—复杂化理论。

竞争优势理论。Alderson 认为，新旧业态企业都会努力地形成自己的竞争优势，这些优势来自技术、法律和经济等环境的变化，旧有业态会遏制革新业态的优势以形成自己的优势，新业态也会如此，这种根据环境打造自身竞争优势的追求会带来零售业态的演化。

简单化—复杂化理论。Regan 提出了零售业态变革的简单化—复杂化模型，其具体内容是：一种新业态率先选择简单化的服务和商品组合模式，即高档产品和高服务、低档产品和低服务、中档产品和中档服务（见图 2-9）；随着经营环境发生变化，需要不断调整产品与服务的对应关系，可能出现高档产品、中档产品和低档产品与低价、中价和高价三种价格水平的搭配，从而构成复杂模型（见图 2-10）。

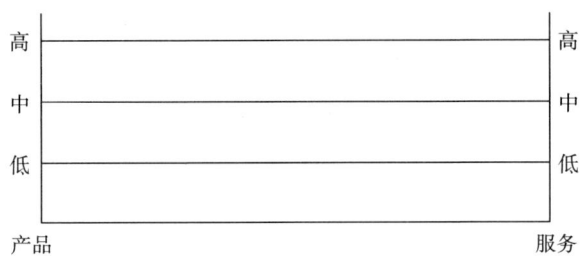

图 2-9　简单化—复杂化理论之简单模型

4）环境—循环—冲突理论。

一些学者尝试将环境理论、循环理论与冲突理论融合在一起解释零售业态的演化。这种理论认为：当零售企业的经营环境发生变化时，那些具有创新精神的灵活型企业家就会进行业态变革；这进而对传统业态产生冲击，传统业态会进行业态内部变革以实现与革新业态的平衡，而这种平衡又会导致新的外部力量带来业态革新。环境—循环—冲突理论有三个代表性理论：螺旋式上升理论、市场演进的多元化理论和新零售轮理论。

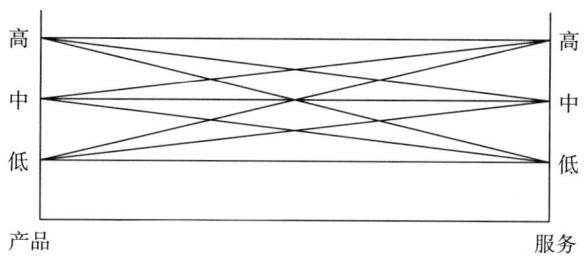

图 2-10　简单化—复杂化理论之复杂模型

一是螺旋式上升理论。Ageragaard、Olsen 和 Allpass 认为，零售业态的演化过程不具有周期性，只呈现出螺旋式上升特点。零售组织迫于竞争冲突的压力而会过分强调营销组合在某一方面的发展，导致方向相反的发展空间出现，如发展扩增产品线的综合经营会导致抑制产品线的专业经营出现，而技术进步、经济发展和居民生活水平提高又会使新的业态在更高水平上形成，这是一个螺旋式演化过程。例如，小卖铺演化为便利店，小超市演化为食品折扣店，室内店铺演化为购物中心等。

二是市场演进的多元化理论。Beem 和 Oxenfeldt 认为，零售业演化由长周期和短周期构成。在长周期变迁中，新业态如百货商店、购物中心和折扣商店等产生，它们在刚出现时具有竞争优势，随着模仿者越来越多，其竞争优势逐渐消失。在短周期变迁中，同一业态内部出现竞争转化，零售商为了取得竞争优势而不断调整营销组合，从而导致业态变异、新业态出现。这些变化都与社会和技术环境的变化有关。显然，这种分析涉及了环境、冲突和周期等多方面理论。

三是新零售轮理论。日本商学研究学者中西正雄认为：零售轮理论无法解释便利商店等以较高价格进入市场，虽然真空地带理论对之进行了完善，补充解释了高价格—高服务业态产生的原理，但是仍不能解释服务与不同价格水平的匹配，如为何不会出现中价格—高服务或高价格—中服务的新业态，因此零售轮理论和真空地带理论都是不完善的。随后，他引入技术边界线（即为保证某一服务水平而设立的最低零售价格水平线）概念和消费偏好因素，提出了新零售轮理论。其具体内容是：新业态因技术革新而突破原有的技术边界线，从而获得更多顾客的青睐；其他企业继而模仿，使得竞争激烈化，进而使得新的技术边界线形成；新技术边界线的上下两端延伸而与旧边界线相连接，从激起新的竞争，最终导致新旧业态费用结构差异消失、新技术革新动机的产生,如此循环往复。

2.1.2 国外百货业发展历程分析

(1) 日本百货业的发展分析。

从日本零售业的发展情况来看,从 20 世纪初开始,随着都市人口和收入的增加以及铁路网的整备,百货店凭借其产品种类齐全的优势得到了较好的发展,很长一段时间成为日本主导的零售业态。这一阶段影响因素最大的就是社会发展环境的变化。从 20 世纪 60 年代开始,随着百货店法的执行以及收款机的出现,超级市场和大型综合超市(GMS)因为产品种类丰富、价格低廉、自助购买和方便等因素得到快速发展。如大荣超市,1972 年成为全日本最大零售商。这一阶段影响因素有社会发展环境的变化,如高速经济发展带来的城市白领增加,收入增加,大众消费社会基本形成。另外一个重要因素是技术革新,自选和收款机的导入大大节约了人力成本,另外由于连锁经营,充分发挥规模经济的作用,使企业收益明显增加。

从 20 世纪 70 年代开始,便利店(如 7-11)开始出现,一开始并不被看好,但是随着为顾客服务项目的增加,其便利性作为附加价值逐渐显现出来,密集的终端网点,超长的营业时间(24 小时),便利的各种服务等越来越受到人们的欢迎,除一般的购物及服务项目外,在便利店还可网上购物及查询,快递的接发货,销售音乐会及体育比赛的门票,还没有银行的 ATM 机等,最近 7-11 又增加了发行证明书的服务,原来只能到各级政府才能办理的证明书,现在在便利店就可自动发行,为顾客提供了方便,满足了顾客的各种需求。正是靠这种优质服务,便利店在各种业态激烈竞争的情况下才确立了自己的竞争优势。2011 年度便利店年总营业额为 9 兆 1771 亿日元,已经超过百货店。这一阶段影响因素有社会发展环境的变化,如人均 GDP 的增加,人们的生活节奏加快等。另外一个因素是技术革新,如 POS 系统、连锁经营、减少库存和多次共同送货等,这些技术革新为便利店的发展奠定了基础,如果没有上述的有别于其他零售业态的各种服务以及较高的购物效率,便利店就不会发展到今天。再有一个因素就是精细化管理,上面已提到过,便利店的普通店员要具有根据对消费者需求的预测进行订货的能力,既保证店面不能有库存,又保证不能卖断货,利用每天三次的生鲜食品送货,为顾客提供最新鲜的食品。另外根据 POS 系统收集的消费者详细信息，多家合作共同开发消费者需求的新商品，这是涉及技术革新、精细化管理和消费者满足的综合因素。正是这些影响因素综合作用，才使便利店得以快速发展。

日本的零售业发展历程如表 2-1 所示。

表 2-1　日本的零售业发展历程

	1920~1960 年	1960~1970 年	1970~1990 年	1990~2000 年	2000 年至今
成长业态	百货店	GMS（连锁经营）	SC、CVS、专门店（家电、化妆品等）	专门店（药妆、服装等）、郊外大型 SC	网购、多样化
消费行动	显示消费	比较消费	便利消费	个性消费	记号消费
消费社会阶段	初期消费社会	大众消费社会	便利消费社会	个性消费社会	后大众消费社会
社会发展变化	人口城市集中、收入增加	高速经济增长、城市白领增加、收款机导入	私家车普及、POS 系统、泡沫经济	收入两极化、地方道路网整备、IT	高度信息技术、异业态间竞争加剧
技术革新	部门管理、商品齐全	连锁经营、收款机	POS 系统、专门销售技术	产销一体	高度信息技术、大数据
消费者的变化	贵族消费	中间层的增加	消费由量向质，由慢向快的转变	个性追求	消费需求多样化

从 20 世纪 90 年代开始，一方面便利店继续发展，另一方面专门店异军突起，开始快速发展。比较典型的有服装专门店、家用电器专门店、药妆店（销售药品、化妆品、日用品和洗护用品等的店铺）及品牌折扣店等。它们的共同特点是：具有本行业的专门的销售技巧，做到了既服务好又价格低，满足了消费者个性化、特色化的需求。这一阶段的影响因素有社会发展环境的变化，如日本泡沫经济的崩坏，人们的收入和资产减少，消费趋于成熟，更追求价廉物美的商品，而不是像以前单纯追求名牌商品。另一个因素是技术革新，如服装专门店优衣库（Uniqlo）采用的 SPA 方式，即制造销售一体化，可使店铺的销售信息迅速反馈到生产工厂，及时调整各种商品的产量，这样既可满足消费者的需求，又可提高经营效率。最重要的影响因素还是消费者满足，如家用电器专门店可为顾客提供专业的咨询服务，还可讨价还价。药妆店里有专门的药剂师为顾客提供健康咨询

服务，另外由于网点多，离居民区较近，除药品外还有化妆品、日用品和洗护用品，并且价格便宜，所以深受顾客欢迎。而品牌折扣店满足了既追求名牌又对价格敏感的这部分顾客的需求。

进入21世纪，随着社会环境的变化，零售业态又出现了新的变化。从宏观社会环境方面看日本经济持续不景气、总的实质消费支出额不增加、人口老龄化（总人口减少）、法制制度的改正（城市建设三法：都市计划法、中心市区繁荣促进法、大规模零售店立地法）、技术革新的进展（Global Data Synchronization）等。在这个大背景下，零售业出现以下四种趋势：

一是合并扩大。如百货店、综合超市、家电专门店等，都有趋于合并、规模不断扩大的趋势。百货店如2007年阪急·阪神百货店的经营合并，大丸·松坂屋的经营合并，2008年三越·伊势丹的经营合并。超市如ARCS超市以北海道为中心扩大，把东北地区的超市Universe Co.，Ltd和JOIS纳入旗下。家电专门店BIC-CAMERA 2012年5月收购小岛电器，成为家电量贩业界的第二位。山田电机2012年12月收购BEST电器，使其成为子公司，近一步巩固家电量贩业界首位地位。

二是各种业态互相融合。突出表现为综合业态（百货店、GMS）专门化；同时，专门业态（店）综合化。例如，在百货店和大型购物中心开设专门店、食品生鲜超市，在综合超市开设专门店、药妆店等。此外，各种专门店的经营范围在不断增加，出现综合化的趋势，如以前只卖图书的亚马逊，现在发展成销售多种商品的网上商城。由于便利店主要顾客为年轻男性，而药妆店主要顾客为女性和老年人，为互相吸引人气，便利店和药妆店开在一起也成为一种趋势。2012年9月，家电专营店BICCAMERA和服装专营店优衣库共同在东京新宿开店，博得了很高的人气，并成为热议的话题。

三是新兴业态不断发展。近年来，日本传统零售业态市场份额逐渐减少，同时，便利店、药妆店、电子商务等新兴业态市场份额逐渐增加，如便利店和电子商务的零售总额都分别超过了百货店，且有不断增长趋势。

四是向城市中心回归现象。近年来，由于日本少子老龄化的趋势和为防止城市空洞化，各种零售业店铺呈现向都心（城市中心）回归现象（受相关法律的影响），特别是购物中心和综合超市等大型零售业态向城市中心回归现象明显。

展望今后的发展趋势，其实还是主要以消费者为中心来思考，今后市场的关键词是：兴趣、安心和便利。消费者的购物行动半径缩小，消费者对价格并不敏感，只是追求自己喜欢的商品（服务）。针对消费者的这些特征，零售业态的发展趋势是：一个公司或一种业态网罗所有商品的可能性很低；只是模仿成功业态（企业）外形的企业不能存活；只有牢牢把握为消费者提供价值、又能进行风险管理的业态（企业）才能够得到发展；以便利性为主轴，与专门性或综合性相结合的业态将会诞生并得到发展；今后，能在成熟化、高龄化的日本社会存活的零售企业，一定要进行全球化经营。

（2）美国百货业的发展历程分析。

美国在经济发展过程中曾经历过20世纪30年代的经济大萧条时期以及2007年严重的经济金融危机，但从世界经济总体发展情况看，美国仍然占据主导地位。通过比较分析美国现阶段百货业态的不同销售模式，对我国零售业特别是百货业态未来发展提供有意义的借鉴。美国百货业的发展历程如表2-2所示。

表2-2 美国百货业的发展历程

业态	高速发展时期	诞生到成熟的年数（年）	目前状况
业种店	1800~1860年	100	消失
杂货店	1880~1910年	50	几乎消失
百货商店	1860~1940年	80	成熟
邮购商店	1915~1950年	50	成熟
超级市场	1935~1965年	35	成熟
购物中心	1950~1965年	40	成熟
大型超市	1965~1995年	20	成熟
专业店	1975~1985年	10	增长
仓储店	1985年至今	20	成熟
便利店	1970~1985年	20	增长
网络商店	1995年至今		增长

1）百货店。

1852年法国巴黎诞生了世界上第一家百货商场，百货业从此开始经历其成长、成熟以及衰退的各个发展阶段。传统百货业是指面向最宽泛消费群体的经营品种"大而全"的百货业态，以经销和代销模式为主、联营模式为辅的大型百货公司。在传统的百货业销售模式中,目标顾客群开始是所有普通消费者群体,因此尽可能地满足消费者各方面需求一度成为传统百货店追求的目标。曾经有百货商店以经营几十万种商品而称雄百货业。随着超级市场、购物中心等竞争业态的出现,百货业不得不重新对目标顾客群进行定位,通过满足特定顾客需求增加竞争优势。例如,梅西百货的目标市场是中低端客户群,诺德斯特龙百货的目标市场是中高端客户群,尼曼百货的目标市场是高端客户群,巴尼斯纽约精品店(Bameys New York)则以世界最高端客户群作为其目标市场。

美国政府《零售贸易普查》中明确规定,百货店至少要有25个雇员,是提供包括服装和纺织品、家用纺织品和布类产品、家具和装饰品及器皿等各种商品的商店。在传统百货业销售模式中,通过各种方式吸引消费者到店内消费是提高销售额的主要途径。传统百货店的优势之一就是可以通过店内人员的介绍增加消费者对商品的了解和认知,从而加速购买行为的发生。此外,各种促销活动一度成为传统百货业销售法宝。消费者在百货店内身临其境地感受到各种商品的促销力度,加上其他消费者的疯狂购买行为,都会促使消费者产生购买欲望。同时,传统百货店的店内购物体验非常不错,有的百货店通过购物环境的舒适吸引消费者,有的百货店通过精心的商品选择和陈列吸引消费者,还有一些百货店则通过优良的服务吸引消费者。例如,梅西百货提出"My Macy's"的本地化运营策略,确保了梅西核心顾客能够在附近的梅西百货店享受到针对其需求"量身定制"的服务。

2)购物中心销售模式。

购物中心(Shopping Mall),产生于20世纪初,它是一种集购物、餐饮、娱乐、休闲等多功能于一体的"一站式"满足消费者需求的商业模式,20世纪五六十年代在美国等发达国家盛行。20世纪20年代美国就出现了购物中心,随着汽车时代的到来以及城市内土地购买的诸多限制,郊区化发展趋势越来越迫使零售商改变传统思维模式和经营模式,迎合新的区位选择,于是郊区型购物中心在美国兴起并得到快速发展。正是由于郊区大面积的廉价土地为购物中心的发展提供了先决条件,到20世纪60年代末期,美国大小购物中心数量已经超过10000个。美国购物中心在经历20世纪70年代中期的石油危机后,发展重点从郊区转向城市市区,进入80年代之后则进入一个新的发展高潮阶段,并越来越走向成熟。Shopping Mall销售模式正是依靠其经营面积大、购物环境好、商品种类丰富、满足消费者多方面需求而获得成功。

Shopping Mall 销售模式依靠其多种服务集合、多种功能复合、多种业态组合，能满足不同层次、不同年龄段消费需求。在购物中心多种业态组合中，主力店非常重要，而购物中心在选择主力店时，百货店通常都是作为必不可少的主力店选择之一，有时为了经营需要，经常同时选择多家百货店进入购物中心，以此吸引消费者，满足消费者"一站式"购物需要的多样性。例如，位于美国南加州橙县的南海岸购物中心（South Coast Plaza）是 2015 年全美营业收入最高的购物中心，高达 17 亿元。该购物中心包含了梅西百货、诺德斯特龙百货、西尔斯百货、布鲁明戴尔百货、萨克斯第五大道精品百货店五家大型百货公司，商品的多样性、丰富性足以满足不同层次、不同消费群体的各种购买需求，可见百货业态在购物中心销售模式中的重要性。此外，购物中心在满足不同消费者需求过程中还通过国际品牌旗舰店以及专卖店形式实现。南海岸购物中心有劳力士等知名国际品牌旗舰店，更有 250 多家全球闻名的名品专卖店。

3）奥特莱斯销售模式。

奥特莱斯（Outlets）诞生于美国，最早仅为"工厂直销店"，专门处理工厂尾货，经过 100 多年的发展，奥特莱斯已经发展成为一种零售业态。目前，Outlets 销售模式在美国是一种很成熟的分销渠道，很多中高端服装品牌 40% ~ 60% 的销量依靠这种模式完成。美国的奥特莱斯大多建在户外，占地面积一般都很大，从几万平方米到几十万平方米，各个店铺之间彼此独立，地形通常为环形，会根据所在地理位置以及开发商特点形成自身特色，配套的服务和交通都很便捷。美国是全球奥特莱斯最多、最发达的国家，其大多分布在大城市、接近中心城市、旅游城市。

Outlets 销售模式能够吸引消费者的最主要优势在于其低廉的价格，与百货店、购物中心相比，同样的商品在奥特莱斯购买的价格要低到原价的 40% ~ 60%，如果碰到商家活动或者清仓商品，价格甚至会低到 70% ~ 80%。由于奥特莱斯的商品很多都是由高档专卖店或百货店下架后直接转到奥特莱斯进行销售的商品，因此，绝大多数商品是名牌下架商品、过季商品及断码商品，这些商品对那些有品牌忠诚度消费者来说，无疑是一种非常好的购买渠道。美国奥特莱斯销售的商品中，虽然有一部分是过季尾货，但仍有相当一部分商品是当季产品，其销售量甚至可以占到部分商家销售总量的 40%，这也是美国奥特莱斯可以持续发展的原因之一。此外，美国的奥特莱斯会在游客服务中心专门提供优惠券，当消费者购物达到一定金额时给予额外的价格折扣或者现金减免，更加有效地促进了消费者购买欲望。值得注意的是，美国很多大型奥特莱斯不仅提供消费者喜爱的普通大众品牌，还会有诸如 Versace、Burberry、Gucci、Dior 等国际一线品牌，这些品牌在进入奥特莱斯之后，会在原来价格的基础上有八折或者更多的优惠，因此奥特莱斯也成为众多海外游客到美国旅行的必经之地。

4）折扣店销售模式。

折扣店（Discount Store）以销售自有品牌和周转快的商品为主，限定销售品种，并以有限的经营面积、简单的店铺装修、有限的服务和低廉的经营成本，向消费者提供"物有所值"的商品为主要目的的零售业态。在美国零售业快速发展时期，很多零售商，包括沃尔玛（War－Mart）、塔吉特（Target）、凯马特（Kmart）等，已经开始寻找成本更低的销售模式。当这些零售商以超级市场理念加上廉价的形式销售百货商品时，满足了很多消费者希望商品天天低价的需求，而不再是传统百货商场一季度才有一次的清仓甩卖。特别是在 20 世纪 70 年代美国经济大萧条时期，走低价路线的折扣商场得到了发展机会。很多百货店在面对折扣店激烈的竞争态势时，曾采取加大打折力度吸引消费者，但由于经营模式和企业形象不同，仅靠降低价格并不能真正解决问题，并会导致丢失部分品牌忠诚度较高的顾客。随着折扣店在发展过程中的逐渐成熟，在对店铺进行统一规划和管理，以整洁有序的形象出现在消费者面前时，折扣店在消费者眼中已经成为一种轻松、简单的购物模式。目前，美国不仅有百货公司旗下推出的百货折扣店，如梅西百货旗下的折扣连锁店——梅西后台（Macy's Backstage）、诺德斯特龙（Nordstrom）旗下的特伦百货特卖场（Nordstrom Rack）等，还有很多专门销售打折服装和鞋帽等百货商品的折扣店。美国常见的折扣店主要有 TJ－Maxx、Marshall、ROSS 等。

折扣店销售模式通常是：当名牌生产商生产的服装等百货商品多于普通商场能够全价销售的量时，折扣店会以较大的折扣价买入，进行二次销售。这种经营模式得到了消费者喜爱，因为消费者在这些折扣店里可以通过较低的价格购买到百货商场里销售的商品，通常价格为商品原价的 10%~60%。创建于 1976 年的美国大型服装和日用品折扣商场 TJ－Maxx，没有豪华的装修和绚丽的外表，虽以简捷的方式服务消费者，但其商品却是非常丰富，消费者在这里可以买到知名度很高、价格很优惠的服装、鞋帽、皮包、化妆品以及食品等,如果碰到比较大的店,还会出售家具。TJ – Maxx 主要通过去除不必要的服务,让利消费者来提高营业额,虽然店里的摆设没有百货商场整齐,但商品着实很划算。例如,大号新秀丽旅行箱在百货商场里至少卖到 200 美元以上,而在 TJ – Maxx 通常仅售 99 美元。折扣店这种销售模式已经成为零售业不可或缺的一部分,既满足了消费者需求,又为各个厂商提供了一个快速清理库存的方式。

5)专卖店销售模式。

专卖店(Exclusive Shop)是专门经营或授权经营某一主要品牌商品为主的零售业态。专卖店一般以著名品牌、大众品牌为主,营业面积会根据经营商品的特点决定,通常选择在繁华街区开店。百货店、Shopping Mall、Outlets 内更是有大量的专卖店可供消费者购买不同品牌的商品。美国的百货业在发展过程中,很多商品选择采用专卖店销售模式,因为这种销售模式可以提升公司品牌、增强产品终端销售水平,并可以通过有效的 4P 模式实现销售、服务一体化,赢得产品忠实的顾客群。美国西尔斯公司曾经相当长一段时间在其发展过程中占据过美国零售业第一的位置,后来面对经营危机果断调整经营战略,关掉了 100 多家经营不善的百货商店,终止了批发业务,并重新为百货商店定位。1997 年西尔斯公司开始转型,经营策略上大幅转变,当年只开设 22 家百货商店,却拓展了 358 家专卖店。

专卖店销售模式小,仅为消费者提供了专门化的商品和专业的服务,同时增加了经营者品牌商品的销售机会,因为专卖店内没有其他品牌。对于专卖店来说,这种销售模式也便于其向消费者提供公司产品各类信息,可以有针对性地开展促销活动,并有利于及时收集消费者对不同产品的购买信息以及市场的总体销售数据。美国市场营销专家科特勒认为,百货店一般要销售几条产品线的产品,尤其是服装、家具和家庭用品等,而专卖店这种销售模式在管理上则更加简单,便于公司统一管理,因此在美国专卖店销售模式体现得淋漓尽致,在任何商业街区、大型商场或者生活中心附近都可以看到专卖店这种销售模式。

6)电子商务销售模式。

所谓电子商务模式,就是指在网络环境中基于一定技术基础的商务运作方式和盈利模式。站在消费者立场,希望可以通过较少的钱购买到质量较好的商品,这种消费者心理预期的期望值一旦被企业发现,一种新型的消费模式就会产生。

由于百货业实体店涉及的固定成本和运营成本都很高，因此利用网络技术形成的成本较低的电商平台进入市场后得到快速发展。例如，消费者熟知的亚马逊（Amazon），它是全球知名的由图书起家的大型综合性购物网站，目前亚马逊依靠其丰富的产品种类，已经发展成为美国最大的网络零售商，并成为最受美国消费者欢迎的网站之一。电子商务这种销售模式由于减少了商品的中间流通环节，可以降低成本，以较低的价格吸引消费者。设想一件成本100元的商品，经过中间商到达零售商实体店的价格可能是原来的3~5倍，而省去中间商和实体店成本后的商品价格可能仅为原来的1.5~2倍，消费者的预期期望值得到很好的满足，这将大大增加电子商务这种销售模式的吸引力。同时，电子商务这种销售模式不受时间、空间的限制，不受传统购物的诸多限制，可以24小时进行网上交易，也可以在全球任何商家购物。

美国百货业在看到电子商务销售模式对消费者购买习惯产生的巨大影响以及传统销售模式下销售业绩和利润的大幅下降后，也纷纷开始拓展电子商务这种销售模式，抓住电子商务带来的新的发展机遇，避免成为在线零售商的商品陈列室。梅西百货是美国最老牌的百货公司之一，它很善于与时俱进，早在1996年就开通了公司网站（www.macys.com），并通过多年的投资建设，已经发展成为融合线上线下业务于一体的全渠道零售模式。所谓全渠道零售，是指以消费者为中心，利用所有的销售渠道，将消费者在各种不同渠道的购物体验无缝链接，同时将消费过程的愉悦性最大化。因此，顾客可以同时利用一切渠道，如实体店、目录、呼叫中心、互联网以及手机等随时随地购物。梅西百货网上的各种优惠活动以及优惠力度也成功地吸引了消费者的目光。

总之，美国传统百货企业首先通过丰富线下业务，有效吸引忠实的实体店客户群。有些百货企业选择在实体店内安装自助服务机，方便消费者查询各种信息及结账；有些借鉴超市模式，在实体店内提供手推车和购物篮，提高消费者购物效率；有些则将改变目前的零售劳动力结构，将更多的劳动时间用在客户服务和销售上。其次，美国传统百货企业还积极拓展线上业务，这不仅仅是开设在线网站实现在线销售的简单模式，更重要的是通过线上线下业务间的互动模式，来吸引更多消费者。例如，在传统百货公司线上购买的商品，可以直接从线下实体店根据需求进行实时调配，及时配送给消费者；可以使用移动应用程序"预订缺货产品而后直接送货到家"；在实体店内开通电子钱包等网络支付手段以及为消费者提供店内电子地图;部分百货店还支持美国境内在线购物免运费,线上下单、门店取货更优惠,免费退货;有些还将通过开设实验性实体店的形式,整合线上线下、移动终端资源,实现存货的最优配置。

2.2 我国百货业发展历程

我国传统百货业应该借鉴美国传统百货业在发展中的创新意识和创新精神。尽管我国传统百货业在发展中还没有处于美国式的萧条期,但应该提早借鉴其通过丰富线下业务,拓展线上业务,实现线上线下销售模式的无缝对接,改变我国百货业态的市场竞争地位。

2.2.1 我国百货业演化理论

虽然 20 世纪 30 年代中国就出版了《零售学》,但是西方零售组织演化理论在 20 世纪 80 年代末才被引入中国大陆,1987 年,美国学者 Robert. F. Lucas 著述的《零售商业企业经营管理》中文版在中国大陆出版,其中第 5 章第 5 节介绍了西方零售演化理论,包括零售轮理论、手风琴理论、自然淘汰理论、辩证发展理论、零售生命周期理论等,当时这并没有引起中国学者的关注。随着 90 年代初期中国出现零售业大变革,一些中国学者开始较为系统地介绍西方的零售业态演化理论,如曹晓春、庄贵军、金永生、吴小丁、周文仓、李飞、夏春玉、孙明贵、赵萍、刘向东、叶种等。2000 年以后,在介绍和学习国外学者各零售业态演化假说的基础上,国内学者开始对零售业态的演化理论进行多方面研究,并取得了一些有价值的成果,这些成果可以被归纳为环境理论、循环理论、冲突理论和混合理论等解释和概括,但是具体表现和国外的有所不同。

(1)环境理论。

有些中国学者认为,环境理论可解释零售业态变革的原因。大多数成果集中于外部环境驱动方面,个别学者的研究涉及内部环境的驱动,还有些学者强调宏观环境和微观环境的综合影响。

1）宏观环境。

沈蕾和于炜霞以中国服装零售各业态的发展历程为基础，运用业态生命周期理论进行量化分析，发现经济水平、人口结构、可支配收入、消费模式和消费心理的变更都不同程度地影响整个服装零售业的市场格局和各业态的发展速度及发展程度，其中经济水平是决定性因素。方虹认为，零售业态演化源于经济发展和市场竞争、消费需求变化和消费方式变革、技术进步和社会文明等。戴黎燕认为，中国零售业态变革的原因来自六个方面，即生产力和经济发展水平提高、市场从卖方市场向买方市场转变、居民生活水平提高和消费需求多样化、管理和科技水平提高、零售业竞争激烈和外资零售企业大举进入。杨宜苗和夏春玉认为，人口密度对超级市场适应性和便利店适应性均有显著的正向影响，就业水平对专卖店适应性有显著的正向影响，地区生产总值对超级市场适应性有显著的正向影响，工资水平对专业店适应性有显著的正向影响，人均城市道路面积对百货商店适应性有显著的正向影响。刘晓雪、卫海英和高庆伟也从不同角度进行了研究，发现居民收入和消费需求导致了新业态的产生。

2）微观环境。

赵伟和白长虹认为，中国零售业态的变化源于消费需求的变化和零售企业的适应性选择，各种业态分别代表满足不同性质消费需求的有效经营方式；一种业态的出现必定是以具有某种特征的市场需求的形成为先导，且这类特定需求的规模决定了该业态的外部空间，它是相对有限且不断变化的。晏维龙也持类似看法。孙明贵提出了零售业态变革的生活方式理论，认为"为满足消费者的不同生活方式而不断调整业态是零售业态变革的基本原因"。

也有学者认为，竞争环境和企业自身决策也是导致新业态产生的因素。黄漫宇认为，零售业态的发展往往是不规则的，推动零售业态变革的主要因素是现有零售业态间及某一零售业态内部的竞争和冲突、零售环境和消费者偏好。张鸿雁和李程骏认为，"商业业态发展和提升的历史过程就是与人的消费行为互为里表、相互促进的过程"。朱涛认为，业态演化的原动力并非技术革新，而是企业家追求利润的动机；以企业家才能为核心的组织能力主导着零售业态的演化，正是企业家对原业态构成要素的革新和重组，才使之不断接近"技术边界线"并为顾客带来新的价值；"企业家才能"在业态的产生、主流业态的形成以及业态的"二次生命周期"中都起着关键作用。

3）综合环境。

李飞认为，零售业态的演化除受业态自身因素变化的影响外，还受外部因素变化的影响，从大的方面看有工业革命和信息革命两个因素，从小的方面看有顾客变化、生产变化和竞争变化等因素。彭娟也认为，零售业态的形成或演变主要受宏观和微观两个层面因素的影响，其中宏观因素对零售业态的形成和演变具有决定性影响；宏观因素具体包括地区消费者需求水平、经济发展水平、政府对零售业的政策、零售行业的技术成熟度以及各业态间的竞争状况，微观因素是指零售企业自身因素，如经营理念、管理水平和资金状况等，这些因素虽然不会对业态形成产生决定性作用，但是会影响业态发展的质量和规模。徐少丹也提出了各种环境的不同影响作用，认为消费者满足是根本、社会发展环境是背景、技术革新是基础、精细化管理是关键，并据此解释了中国和日本各阶段的零售业态发展变化规律及差别。

（2）循环理论。

一些中国学者研究了循环理论在中国的适应性，主要是在中国背景下对零售轮理论和零售生命周期理论进行了检验。

1）对零售轮理论的检验。

晏维龙在分析零售轮理论、真空地带理论、核心与周边市场理论、新零售轮理论的发展逻辑的基础上，提出了消费者偏好理论，从而得出各零售业态应相互促进、发展的结论，并指出了零售轮理论的不足。

2）对零售生命周期理论的检验。

庄华强通过研究中国百货商店的周期性变化论证了零售生命周期理论在中国的适用性。汪建成和任丽霞在分析中国零售业环境指数的基础上，运用零售生命周期理论，分析了中国百货商店、超级市场、便利商店和仓储商店的生命周期。

（3）冲突理论。

芮明杰和李想认为，零售业态的演进受到主动和被动两种力量的影响。一方面，零售企业借助业态差异化能够获取垄断利润和市场势力、弱化价格竞争，特别是那些具有成本劣势的企业在有能力实现业态差异化时往往会主动实施差异化战略。当差异化水平（量变）达到一个临界点后，质变随之发生，新的业态出现。另一方面，率先采用新业态并获得成功的企业具有一种示范效应，会引来大批仿效者，这也是一定时期内某种业态会居于零售业主导地位的原因。然而，由于一个零售市场容纳某种业态的数量是有限的,因此当这种业态的门店达到一定数量后再增加就会越来越困难。另外,随着数量的增加,相同业态间的竞争日趋激烈,它们不能再凭借之前的优势取胜。这促使它们不得不通过业态差异化寻找获得新竞争优势的途径,具有成本劣势的企业更需要通过业态创新以免被淘汰,于是新的零售业态被引入市场,两种力量共同驱动零售业态不断地演进和发展。上述被称为零售业态演进动力机制理论,如图2-11所示。

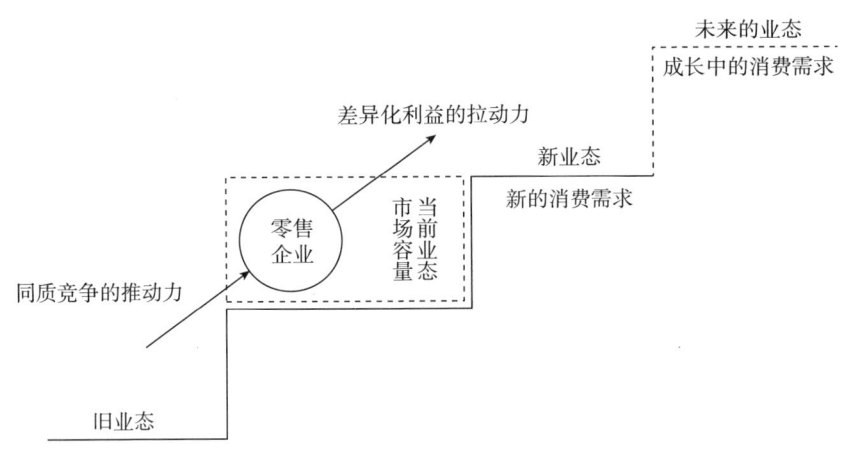

图2-11 零售业态演进动力机制模型

(4) 混合理论。

随着研究的深入,一些中国学者发现零售业态演化是诸多因素综合作用的结果,因此需要应用多种理论解释,这与西方已有的混合理论相匹配。

1) 环境—循环理论。

刘星原认为,零售业态和经营模式演变的规律性公式为:在社会综合经济基础不断变化与发展的环境下,零售业态和经营模式的主导体系必然不断地在"扬弃—异化—趋同—再扬弃—再异化—再趋同"的过程中演变和发展,这简称为零售业态的"异化与趋同的演化规律"。彭娟认为,零售业态发展与各业态在中国所处的生命周期有关,而不同经济水平下的消费需求在很大程度上也决定了地区业态的发展程度;消费需求的适应性使得各业态的要素投入在地区内发生规模转移,从而直接影响业态规模的变化。

2）冲突理论。

沈建和刘向东通过分析中国家电零售业态的历史变化，提出了一个零售业态价格梯度模型，认为价格梯度与业态竞争分布相联系，并引入"消费者偏好"概念来刻画零售业态中服务、价格与成本三者间的关系，指出影响业态获得竞争优势的关键因素是技术进步、满足消费者偏好以及管理创新带来的成本下降。黄漫宇也认为，推动零售业态变革的主要因素是现有零售业态间及业态内部的竞争和冲突、零售环境和消费者偏好。

3）环境—循环—冲突理论。

陶伟军和文启湘提出了螺旋演化理论，将企业知识理论用于分析零售企业及业态，发现零售知识螺旋是业态生成的微观基础，"业态新生期—业态成长期—业态成熟期—业态蜕变期"是一个螺旋循环过程。与车轮理论相比，螺旋理论兼顾了业态运行中的竞争与合作、成本与收益，并揭示了业态竞争优势的源泉。

4）多理论综合模型。

李飞认为，在新的零售业态产生前，同一业态的不同特征是由零售营销要素的不同组合体现的，如何组合或调整零售组合要素，取决于目标顾客的选择、竞争对手的优势、零售商店的营销定位以及通过营销要素组合实现定位的过程。鲍观明和叶永彪认为，有必要系统地、全方位地回答零售业态的演化规律，在文献回顾和逻辑推理的基础上指出了零售业态演化的内容和动因，并建立了综合模型。该模型由三个层次组成，分别是业态演变的逻辑起点、单一业态的演变和群体业态的演变。群体业态的演变内含了单一业态的演变，业态演变的逻辑起点也是单一业态演变的起始点和群体业态演变的扰动点。业态演变的特征体现在新业态的呈现方式或切入点、演变速度和演变方式等方面。业态演变的动因包括三个方面，即外部环境、零售行业内竞争和可能出现的外来者入侵（主要是跨国零售巨头进入）。

综上所述，已有理论解释了西方零售业态的一般演化规律，部分理论在中国零售业态演化中的适用性也得到了验证。然而，目前中国正处于高速变革的发展阶段，零售业可能具有自己独特的演化轨迹和机理，且这种独特性随着网络技术的飞速发展将更加明显，因此已有理论不一定能很好地解释中国零售业态的演化，本章接下来将对我国的实体零售业的发展历程进行深入研究。

2.2.2 我国百货业发展历程分析

(1) 萌芽期 (1900~1948年)。

19世纪50年代之前,即1900~1948年,是我国社会剧烈变动的大革命时代和战争年代。其中经历了封建王朝的覆灭、民国政府建立、国内军阀混战、国内革命战争、抗日战争、解放战争等许多重大历史事件与过程。这个历史时期,虽然封建王朝已经覆灭,但是由于许多复杂的原因,我国的资本主义经济并没有真正发展起来。在这个历史时期内,我国零售业最重要的演变与发展就是引入了"百货商场"的业态。我国第一家百货商店诞生于1900年,即"秋林公司"。1900年由俄国资本家在哈尔滨市投资创建,后又经过英国汇丰银行、日本商人、苏联政府经营,1953年10月有偿移交我国。目前秋林公司在我国许多城市仍在正常经营,是我国"资格"最老的百货商店。上海市是我国当时经济最发达的大城市,为百货商场的生存与发展打下了基础。在20世纪初,若干家百货商店在上海开业。1904年英国的"惠罗百货公司"在上海成立了分公司,是上海最早的大型百货商店。1900年澳大利亚华侨商人马应彪先在我国香港创办了"先施百货公司",1911年又在广州投资设立了"先施百货"分公司。"先施百货"公司在广州取得成功后,于1917年10月在上海投资建设了"先施百货公司",营业面积达1万多平方米,大约分为40个商品部,商品种类有1万多种,是当时上海经营规模最大的百货公司。1918年9月,郭乐先生投资创办的"永安百货公司"也在上海开业。1926年1月,由李煌堂、李敏周两人在上海又投资创办了"新新百货公司"。"先施百货""永安百货"和"新新百货"在上海的南京路形成了三足鼎立的经营与竞争局面。

总的来看,这个时期的百货商场业态在我国得到了一定程度的发展,但只局限于上海、广州、天津、重庆、哈尔滨等极少数大城市中,在全国其他大中城市中,真正意义上的大型百货商店却十分少,零售业主要是由各类中小型日用杂货店承担日常的生活资料销售业务。

(2) 计划经济时期 (1949~1977年)。

1949年中华人民共和国成立之后,一直到1978年的30年时间里,我国实行的是以学习和模仿苏联模式为基础的社会主义计划经济体制。我国理论界对商品流通以及零售业在整个国民经济运行中的地位和作用的认识的理论基础也是来自马克思主义经济学。当时对我国社会主义计划经济的运行以及零售环节在整个运行体系的理论认识主要包括：在生产、分配、交换和消费这四大环节中，零售只是发挥"中介"或"桥梁"作用的一个环节，社会的物质财富的创造只是来自于生产领域，零售环节的销售与经营活动并不创造价值。

中华人民共和国成立之后的两三年时间，基本建成了以百货商场、专业店、食品店、杂货店和寄卖商店为构成的零售业态。其中，百货商场基本上是由国家投资和管理。除原有的一些私营百货商场外，全国一些大城市还由国家投资建设了 48 家国营百货商店。经过 30 多年的"计划式"发展和建设，到了 1986 年，全国国营百货公司零售网点已达到 1.7 万个，营业面积超过 1 万平方米的大型百货商店，全国有 25 家；营业面积在 6000 平方米以上的中型百货商店，全国有 30 多家。1986 年，国营百货商店的经营水平是：全国所在的大中型百货商场的销售额约为 304 亿元，商品流通费用率为 4.64%，纯利润率为 4.32%，全年平流动资金周转 5.18 次，每百元流动资金给国家提供 22.35 元。

由于是计划管理，没有商业竞争、没有企业自主创新，从中华人民共和国成立初到改革开放长达 30 年的时间里，我国的这些既有零售业态基本上没有变化与发展，形成了一个相当稳定的业态结构。同时，在零售业的经营方式方面也是传统的柜台现场销售方式，在经营方式方面基本上也没有任何形式的创新。

（3）改革开放以后的快速发展时期（1978~1995 年）。

从 1978 年我国经济体制改革初期开始，到 1995 年大约 15 年的时间内，是我国以大型百货商场为代表的零售业快速发展阶段。

据中商联会统计，改革开放初期，我国各大城市中基本上没有年销售额过亿元的大型百货商场，但是，到了 1991 年，我国各大城市中，年销售额超过亿元的大型百货商店已达到 94 家，1992 年达到 150 家，1993 年达到 291 家，1994 年达到 488 家，1995 年达到 624 家，在短短五年时间内，年销售额过亿元的大型百货商场数量增长了 6 倍多，这个阶段，被我国理论界普遍认为是我国大型百货商场的"黄金发展时代"。

虽然这个时期我国零售业进入了快速发展时期，但零售行业"经营模式"和"业态"还比较简单。零售业态主要是以传统的百货商场、少量的专业店、杂货店、集贸市场为主，还没有"超级市场""购物中心""便利店"等现代零售业态。经营模式主要是以"单店"为主，还没有连锁经营模式等现代零售业的经营模式。销售方式也主要是以传统的"一手交钱一手交货的柜台销售"为主,没有现在的"开架顾客自选式销售",更没有"网上购物""电话电视购物"和"自动售货机"等销售模式。

(4) 新型零售业态快速兴起与繁荣时期(1996~2004年)。

随着我国社会主义市场经济体制的改革与建设不断深化与完善,原计划流通体制的制度、管理、组织、政策和运行都基本上消解,大致从1995年之后,我国零售业逐步进入了一个市场调节、自由竞争、市场化的繁荣发展阶段。发达市场经济国家的超级市场、仓储店、会员会、折扣店、便利店、快餐店等在内的新型零售业态,以及连锁经营为代表新型经营模式,不断地被我国零售业引进、学习、模仿和发展。我国零售业无论从业态类型看,还是从经营模式看,进入了一个"百花齐放"的高速繁荣发展阶段。

1995年3月,国务院在上海召开了连锁商业座谈会,会议明确指出连锁经营是我国流通领域的一场革命。同年6月,原国内贸易部也成立了全国连锁店指导小组,制定了全国连锁经营发展规划。因此,1995年标志着我国连锁经营的发展进入了由政府积极倡导和大力扶持下的高速繁荣发展阶段。从时间看,大致是从1995~2005年10年时间;从内容看,连锁经营模式与超市、便利店、专业店、快餐店等新型业态形成了结合发展的特点;从效果看,截至2005年我国限额以上内资连锁经营企业已达1307个,连锁分店的总数量90476个,销售总额达10668.4亿元,占当年社会消费品零售总额(2005年我国社会消费品零售总额为67176.6亿元)的15.9%。

另外,由于这段时期我国各类零售业态名目繁多,名称也很不规范,为了规范零售业态的名称,我国商务部、国家质量监督检验检疫总局、国家标准化管理委员会在2004年联合发布了《零售业态分类》(GB/T 18106—2004)的国家标准,该标准将我国零售业态分为17种,分别是:超市、仓储会员店、百货店、食杂店、便利店、折扣店、购物中心、厂家直销中心、电视购物、邮购、网上商店、专业店、专卖店、大型超市、家具建材店、自动售货亭、电话购物。从这个角度来看,我国当前零售业态的种类发展的已经相当丰富。

(5) 兼并、整合时期(2005~2011年)。

大约从2005年开始,我国零售业逐渐地进入了初步的饱和、兼并和整合阶段。我国连锁经营企业在2005年之前的高速发展,体现出的是粗放的、"跑马圈地"式地扩张与发展。2005年后,我国零售领域那种以到处发展连锁分店为代表的粗放式的高速发展时代逐渐结束,世界上知名的、实力雄厚的各类大型零售企业明显加快了进入我国零售市场的速度和规模。目前,在全球50家最大的零售企业中,有40多家已经进入我国零售市场。在全球零售业200强中,已经约有15%的企业进入我国。著名的大型零售企业有沃尔玛、家乐福、麦德龙、凯马特、易初莲花、伊藤洋华堂、欧尚、7-11、百盛、麦当劳、肯德基等。这些外资零售企业不仅大规模地进入了我国的北京、上海、广州、深圳、珠海、大连、青岛、福州、长春、厦门、成都、武汉、重庆、贵阳、西安、南宁等近40个沿海、内陆大中城市,而且还加快了进入我国内地的一些中小城市的步伐。这些外资零售企业除了自己不断投资建设新的销售网点之外,还通过收购和兼并的方式,吞并其他零售企业,迅速扩大市场占有率。例如,2005年后,外资零售企业发生的重大收购案有:英国的安顺投资公司收购深圳市的民润超市75%的股权;美国的百思买收购江苏五星电器企业;沃尔玛收购"好又多";华润股份公司收购天津的家世界超市公司;日本的7-11便利店企业收购"快客"在广州的全部连锁分店;"购宝"收购西安"海星"超市公司;等等。

(6) 全渠道时期 (2011年至今)。

随着电商交易进入稳定期,对零售业的冲击开始减弱,实体渠道也在积极探索电商转型,移动云联网及O2O的应用使得线上线下融合加快,传统零售企业与电商"化敌为友",电商+店商开始融合"联姻",合作步伐明显加快。自2014年初,阿里巴巴集团以53.7亿港元入股银泰商业集团,成为其单一最大股东后,2015年8月,阿里巴巴又以283亿元人民币战略投资苏宁云商集团,成为第二大股东;同年8月,京东入股永辉超市,占股10%。2016年6月,阿里巴巴和苏宁易购围绕"品牌商、零售商、消费者",宣布"三体贯通"战略,推动战略合作升级。无人零售,连锁便利店、智能售货柜、办公室货架、自动售货机、SPA(自有直营品牌)、盒马鲜生模式也大批量诞生,全渠道营销成为趋势。

全渠道(Omni-channel)强调的是客户可以选取自己认为最方便的模式,在该公司下任意渠道中获取信息,进行采购,并且最终取得商品的无缝连接的过程。比如一家供应水果蔬菜的连锁超市,多渠道(Multichannel)下可能就是顾客可以在它的实体店超市进行购买,也可以在它的网上超市购买,但是两者之间不存在联系。全渠道下指的就是,顾客可以在超市的网站上查看离你最近的几家实体超市的库存量和价格，然后可以选择在网上下订单，然后到实体店或者最近的取货点去取货，或者是直接到实体店去购买。如果是在实体店内，顾客可以订购已经没有库存的商品，然后选择让有库存的商店，或者直接从配送中心快递到家。在全渠道条件下，营销的主动权掌握在消费者手中，消费者可以借助各种社交媒体对零售商终端进行选择，享受极致的购物体验。从零售商的角度来看，全渠道就是在多渠道的基础上，对各个渠道进行整合，让各前台、后台的系统实现一体化，为客户提供一种无缝化体验。从消费者角度来说，全渠道就是可以让消费者在一个渠道挑选产品，在另一个渠道进行比较，最后再选择第三个渠道进行支付购买。

3 全渠道零售概述

3.1 全渠道零售含义

全渠道零售是伴随着移动互联网和大数据而产生的新概念。2011年，Derrell Rigby（贝恩公司全球零售业务负责人）在《哈佛商业评论》上发表文章《购物的未来》，他指出：随着互联网、移动信息技术的发展，数字化零售也在发生巨变，那就是目前的新领域——全渠道零售，即零售商可以通过包括实体店、直邮和目录、呼叫中心、上门服务、网站、服务终端、移动设备、社交媒体等各种渠道与客户进行互动，顾客可以利用网站进行信息比较、选择，在实体店进行试穿、试用，而在移动端实现真正的购买，如图3-1所示。

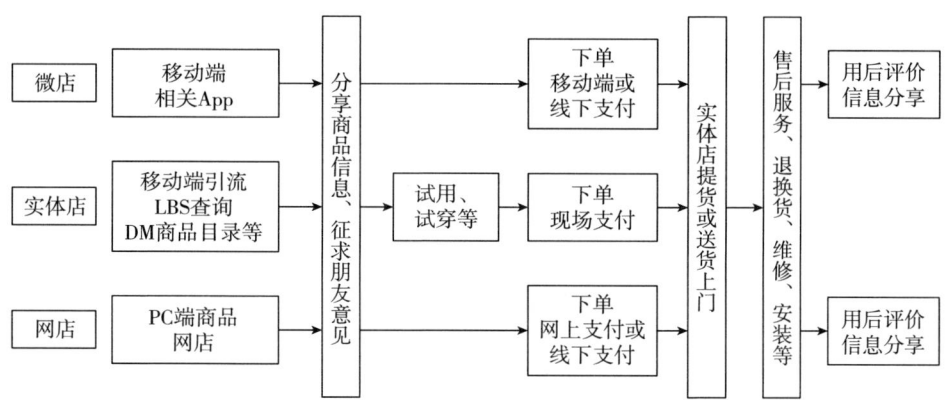

图3-1 全渠道

本书认为，零售商全渠道是指零售商为了满足消费者在任何时候和任何地点以任何方式购买的需求，采取实体渠道、电子商务渠道和移动电子商务渠道整合的方式，为消费者提供商品或服务。消费者可以同时利用实体店、目录、呼叫中心、互联网以及手机等相关渠道，实现随时、随地无缝购物。

（1）实体店：实体自营店（如天虹的百货、超市或购物中心等零售业态）、实体店分店（如天虹百货的便利店等零售业态）、电子货架（如社区提货箱触摸屏、VR商店等）、异业联盟（如航线渠道、电视网络渠道等）等。

（2）电子商务渠道：自建官方商城（含 B2B、B2C、C2C 等多种模式）、进驻电子商务平台（如淘宝、京东、天猫、拍拍、苏宁易购、亚马逊等）。

（3）移动商务的渠道类型包括：自建官方手机商城、自建 App 商城、微商城、进驻移动商务平台，具体如微淘店、QQ 群、微信群等社交销售等。

（4）其他渠道：目录邮购、电子邮件、直销等。

上述这些渠道，其实都是零售业的"全面销售、分销渠道"。从更为宏观的角度看，根据互联网时代"所见即所得"原则，社交媒体等传播渠道、游戏、应用软件的第三方独立 App，也属于全渠道营销范围。

3.2 全渠道零售产生的因素

以互联网为代表的新技术的爆发式发展，推动了零售态势的巨大变化，使消费者感觉不到不同渠道的差别：在消费者的某一次购物之旅中，可能用到了一个零售商的多个渠道，也可能用到了多个零售商相同的某一个渠道，可能从一个渠道开始，在另外一个渠道结束，最终在消费的过程中，消费者将分辨不出究竟这是哪一种渠道。与传统零售模式相比，全渠道零售实现了多维度提升。从营销理念来看，就是以更加广泛的多维视角，在不断改进的过程中最大限度地满足顾客的需求，既能享受数字化的便利，又能体验实体店的贴心服务。从消费过程来看，就是将售前、售中、售后这几个关键环节作为顾客体验的重点提升方向。从零售活动来看，技术的进步也使得顾客行为、零售商行为、第三方支付行为的线上线下互动协调一致。

3.2.1 技术的发展

改革开放时期,邓小平提出"科学技术是第一生产力"的著名论点,科学技术已经成为推动生产力发展的重大杠杆。现在正值零售业的大变革时期,技术是主要驱动工具,不采用新技术,全渠道零售无从谈起。没有技术的革命,零售业不可能进行大变革。

(1)移动互联网。

智能手机成了互联网第一入口,超过 PC 电脑。在电商领域,我们看到移动端电商,逐渐代替了 PC 端电商,移动技术导致电商产生了翻天覆地的大变化,而且时间很短。移动互联网时代零售的核心就是线上与线下的结合,人、货、仓、配的结合,虚和实的结合。线上(电商)与线下(实体)融合,在互联网时代发生不了,只有在移动互联网时代,才有可能融合,实现"1+1>2"的效果,诞生出更有效率的零售模式。

(2)物联网。

随着 5G 标准的建立与信息传感设备(电子价签等)的大规模应用,物联网时代也随之到来,实体零售开始能够全链路数字化运营。

1)一物一码。

传统零售的一物一码,是条形码(一维码),现在已升级为二维码。一个重要的认知:码是实体场景的流量入口。全渠道零售时代的用户行为将是:要购物,先扫码。

在百货商场,扫码看服饰搭配、商品详情等。

在超市场景,扫码看商品溯源、商品详情等。

线上场景+实体场景优势互补,增加用户体验,目的是促进销售。

2)电子价签。

电子价签,也叫电子货架标签(Electronic Shelf Label,ESL),是一种带有信息收发功能的电子显示装置,主要应用于超市、便利店、药房等显示价格信息的电子类标签。放置在货架上,可替代传统纸质价格标签的电子显示装置,每一个电子货架标签通过有线或者无线网络与商场计算机数据库相连,并将最新的商品信息通过电子货架标签上的屏显示出来。电子货架标签事实上成功地将货架纳入了计算机程序,摆脱了手动更换价格标签的状况,能快捷、准确地更换价格标签,况且比纸标签有更多的功能(如显示促销标志、多种货币价、单价、库存量等),统一了线上、线下的商品信息。

3)传感器。

传感器是物联网的基础,属于传感器的 RFID 电子标签已成熟应用,但由于射频技术的适用性与价格,只有部分使用场景适合,特别是服饰行业。其他行业需要采用新的传感器技术,如重力传感器、磁力传感器等。

(3)云服务及大数据。

随着商业的发展,云服务运用已经普及,作为电子商务,对于海量的数据进行实时性的分析,已经成为当前电子商务进行竞争的主要着重点,而大数据的主要价值就在于详细的分析与利用相关信息。采用云计算可以在较短的时间里对于较多的数据进行收集、存储以及分析与处理,从而很大地增强了企业的数据处理与信息分析的能力,使得电商能够实时精确地挖掘相关数据,并且对数据进行深入的分析。

(4)人工智能的运用。

首先,我们可以利用人工智能来为用户画像,精准识别用户,从而提高转化率。比如有一些零售商,开始在店里面安装"人脸识别"系统:有装在入口处的,用来统计每天进到店里的顾客,如人数、大致年龄,以及性别等;还有装在货架上的,一方面可以用来了解顾客对什么产品最感兴趣、停留了多长时间;另一方面,如果货架上的货品卖得差不多了,也可以及时补货;另外,企业还可以提前把 VIP 客户的照片、手机等相关数据资料输入到系统里,当这些 VIP 客户进入店里,系统会自动识别出来,并实时推送相关资料到导购员的手机上,让他们了解这些用户以往的消费记录,以便进行针对性的用户交流,这样对品牌和提升用户黏度有很大的帮助。

其次,利用人工智能深入挖掘消费者习惯,让定制、个性化的消费成为真正未来帮助企业成长重要的机会和新趋势。例如,eBay 的线下分店就运用了智能试衣间。用户进入商店,可以通过触摸屏浏览店内所有的商品,然后选择想要的衣服,提交试穿申请。而触摸屏里内置了处理器和摄像头,可以动态识别用户的身体特征,从而给出颜色、尺码、款式等个性化的建议。当然摄像头不仅来自于触摸屏本身,还来自于整个店铺里面的其他摄像头,交叉计算你的身高、胖瘦以及目前所穿衣服的款式等数据,如果试穿满意,用户还可以直接通过触摸屏进行移动支付买单,所有过程非常简单方便。

最后,基于算法与深度学习,完成智能配货与送货。目前新型大卖场与商超,30~60分钟到家是标准,即时消费领域(如便利店),30分钟到家是标准。全渠道零售时代,快递业也发生了巨大变化,短距离配送,是未来的潮流。但是按照传统方式,配送成本之高会让很多企业承受不了,配送标准的要求极高,必须通过算法与人工智能来优化,提高配送效率。以盒马鲜生为例,智能配送标准作业:拣货、分箱、合单10分钟完成,物流路线智能分配骑手20分钟到家。对于更多的新零售企业,短距离配送会采用第三方配送+自己配送的标准组合,每一趟配送的最优效率,只有人工智能才会给出最好最快的决策。

3.2.2 消费者行为的改变

我们已经被移动互联网这股浪潮所席卷,移动互联网改变了这个时代,改变了信息传播方式,更改变了人们的生活方式和消费方式。在移动电商环境中,消费者的行为的改变主要表现在以下五个方面:

(1)随时随地消费。移动终端本身具有便携性特征,因此其使用者基本不会受到空间和时间的制约,能够在任何时候借助移动终端获取有价值的信息,开展交易活动。移动终端使用群体购物体验在逛街、上下班通勤、等车间隙、上洗手间等碎片化时间段等都可以实现。

(2)更注重互动性、社交性。移动互联网时代,各种社交媒体,购物网站相继出现在手机屏幕上,使得消费者能够方便及时地与网友分享购物经历,以及产品或服务的使用感受。网络口碑营销比传统口碑营销传播范围更广,影响更大,许多消费者在购物前往往会查看以往消费者的在线评价,作为作出购买决定的依据。因此,在移动互联网环境下,消费者不仅能够通过网络主动搜寻信息,还可作为信息发布的主体,与其他消费者一起分享。

(3)容易产生冲动性购买。由于消费时间的碎片化,运用随身携带的手机,能够做到"随时随地,想买就买"。消费者购物的时间成本被显著降低,电商平台上琳琅满目的商品不再相隔千里,只存在一个鼠标的距离,由于购物不再需要时间成本,而网络上商品的样式又繁多、新颖、奇特,对消费者产生了强烈的吸引力和刺激性,产生了诱发冲动式消费的动力因素,使冲动式消费量显著增多。

(4)更喜欢移动支付。移动支付最具场景化、最贴近生活的特点迅速渗透到消费者吃穿住用行的一切生活场景之中。例如,在餐厅就餐时,消费者可以通过直接扫桌面上或菜单上的二维码,实现自助点餐、支付,也可以在聚会时直接使用移动支付进行 AA 制付款。外出逛街娱乐时,移动支付大大加快了结账速度,也提升了消费者的购物体验。

(5)消费者更加倾向于购买轻型消费产品。轻型消费产品具有生命周期短、产品购买和使用频率高、决策半径短等特征,如服装鞋帽、手机话费与流量充值、家居百货等,都属于轻型消费产品。消费者借助移动电商平台能够在较短时间内对此类产品的购买进行选择,因此轻型消费产品更受移动电商平台消费者青睐。

3.3 全渠道零售的框架

本书所指的"零售商全渠道",并不是指零售商选择所有渠道进行销售,而是指零售商在运用渠道策略时可以利用更多渠道类型的选择和组合、整合,但无论渠道之间如何进行整合,以下几个方面始终是零售商全渠道必不可少的组成部分(见表3-1)。

表3-1 零售商全渠道的必要组成部分及特征

组成部分	特征
送货服务	网上下单、实体店取货
	网上购买、实体店退货
	实体店购货、送货到家
物流	库存系统整合
	线上退货变成库存
	"网上下单、实体店取货"的物品的打包
销售工具	打包内容的可见性
	用平板电脑作为销售工具

续表

组成部分	特征
鼓励整合渠道的使用	使用整合渠道的金融奖励措施
	价格的一致性
	网上店铺
	网上有实体店的产品
	实体店产品的二维码/实体店 App
全渠道的衡量	网上下单，店内取货的客户的额外消费追踪
	线上销量的统计

资料来源：根据《Avensia 2014 年全渠道零售报告》整理而成。

3.4 促使实体百货店采用全渠道零售的因素

近年来，我国传统百货业营业额不断减少，即使是我国百货业巨头在近些年也经历了业绩下滑的寒潮，国内实体百货店纷纷关店，这一困境的发生除有自身内部成本、管理方面的原因外，还有很大一部分因素来自以信息技术变革为代表的外部冲击。而伴随信息技术发展所诞生的全渠道零售应当成为传统百货业摆脱困境的重要选择，选择实行全渠道零售转型的原因主要有以下两点：

（1）消费者购买习惯发生改变。随着信息技术的不断创新、发展，消费者可以了解商品的渠道越来越多，购物的渠道也在不断增加，消费者的消费习惯逐渐发生改变，新型消费群体也开始形成。首先，消费者在购物时除了考虑品牌外，渠道的选择也将成为购物重要考虑因素之一。如今的消费者更加依赖手机、计算机等网络电子用品，消费者的碎片时间几乎都被网络占据，这也使消费者的冲动性购买大量出现。消费者往往先通过互联网了解某一类商品的信息，当决定购买后就会通过各种渠道搜集信息，浏览线上商店或者光顾实体店，然后进一步确定购买产品。然而，传统百货商店销售渠道单一，不能满足消费者渠道选择的需求，因此，传统百货业需要做出相应改变。其次，新型购物群体的形成迫使传统百货业进行全渠道零售转型。由于社交、本地和移动集合为一身的 SoLoMo 消费群出现,他们不满足于本地实体商店,社交商圈和互联网商圈都是购物时的选择。除 SoLoMo 这一消费群体外,全渠道购物者也在不断发展壮大。全渠道购物者是指在一次完整购物过程中,选择多种信息渠道、购买渠道和物流渠道,在多次购买中,会继续尝试新渠道的消费者。这两种消费群体的共性,即主动去选择不同的消费渠道进行购物,因此,在这种背景下,百货商店若不去满足、迎合不同渠道购物的需要,不仅会失去新兴购物群体这一庞大的客源,更会流失更多原有的客户资源。因此,百货商店必须开拓更多符合当今全渠道购买者购买习惯的渠道。

(2) 电子商务对传统百货业的冲击 随着互联网的高速发展,网店数量不断增多,以淘宝、京东为首的电子商务企业正在逐步蚕食消费市场,并且这种趋势还在不断蔓延。以天猫商城为例,在 2018 年仅"双十一"一天的时间就创造了 2135 亿元的营业额,创下世界纪录,由此可见,电子商务对传统百货业冲击之猛烈。然而,电子商务对传统百货业的冲击还没有停止,各大电子商务企业还在不断利用各种节日进行大幅度的促销活动,商品覆盖面十分广泛。

电子商务之所以会对传统百货业产生如此大的冲击,其中最重要的就是电子商务相较于传统百货业更加便捷,无论是从产品信息的获取、产品货款的支付、货物的配送以及售后的服务,线上商店的渠道都更为丰富。此外,由于消费者接触商品信息更加便捷,消费者对不同渠道的价格信息也更为敏感,电子商务的价格优势在这种情况下也受消费者的青睐。首先,便捷的线上零售渠道可以吸引更多的消费者,电子商务让消费者选购商品不再受地点的限制,只要能上网无论身处何地都可以进行消费。随着电子商务的推广和规范,互联网用户会成为电子商务的客户和潜在客户。此外,不同于人员销售,由于电子商务借助互联网这一渠道,任何人都可 24 小时向企业进行查询、购买,不再受商店营业时间的约束,企业可以做到全天候服务,而这都是传统百货业所不具备的。其次,由于电子商务中零售商与消费者直接进行交易,省去了中介等一些环节,电子商务通过数字化将传统的实物流以电子流代替,节省了大量的人力、物力,加之与百货商场相比,网上商店没有房租、店面维护等成本,因此,网上商店的产品价格更加低廉,凭借着价格优势网上店铺吸引了大量消费者。由于电子商务无论从购买的挑选、支付都拥有更多的、更便捷的渠道,加之网上店铺拥有价格优势,因此越来越多的人开始选择线上购买。对于电子商务迅速占领市场的局面,传统的百货公司必须积极应对,针对电子商务以更便捷的渠道吸引消费者的事实,传统百货公司也应开发更多的渠道来创造、挽留新旧客源,全渠道零售战略正好满足传统百货业的这一转型需求,因此,全渠道零售转型是传统百货业转型的首选。

3.5 全渠道零售特点

3.5.1 全渠道零售特征

实体零售业在电子商务的浪潮汹涌之际,受到了巨大的冲击,结合实体渠道、电子商务渠道、移动电子商务渠道等的全渠道零售模式应运而生,智能手机和平板电脑的使用,使众多消费者以前所未有的规模一直保持在"在线状态",在这一模式下,实体店和电子商务的界限也被打通并融为一体,让零售企业可以满足消费者任何时候、任何地点、任何方式的购买需求。全渠道零售具有三大特征:全程、全面、全线。

一是全程。一个消费者从接触一个品牌到最后购买的过程中,全程会有五个关键环节:搜寻、比较、下单、体验、分享,企业必须在这些关键节点保持与消费者的全程、零距离接触,保证消费者可以不受时间的限制,能够 24 小时全天候进行交易;全渠道零售能将企业的资源进行深度的优化,让原有的渠道资源承担新的功能,使得线上线下会员管理体系的一体化,让会员只使用一个 ID 号可以在所有的渠道内通行,享受积分累计、增值优惠、打折促销、客服等。

二是全面。全渠道正在掀起企业或商家的革命,理念上从以前的"终端为王"转变为"消费者为王",以消费者的需求和习惯为核心,企业可以跟踪和积累消费者的购物全过程的数据、在这个过程中与消费者及时互动、掌握消费者在购买过程中的决策变化、给消费者个性化建议,提升购物体验。

三是全线。渠道的发展经历了单一渠道时代即单渠道、分散渠道时代即多渠道的发展阶段,到达了渠道全线覆盖即线上线下全渠道阶段。这个全渠道覆盖就包括了实体渠道、电子商务渠道、移动商务渠道的线上与线下的融合。全线性能满足全渠道消费者的生活主张和购物方式,这些消费者的消费主张是:我的消费我做主,具体的表现是他们在任何时候如早上、下午或晚间,任何地点如在地铁站、在商业街、在家中、在办公室,采用任何方式如电脑、电视、手机、iPad,都可以购买到他们想要的商品。

3.5.2 全渠道零售的优缺点

(1) 优点。

在传统零售情境下,商店建设之前可以通过选址实现移动,但建成后不能移动,是固定在一个有限的空间之内,进入这个有形店铺的顾客被称为"客流",典型特征是"客流""店不流",顾客找店铺。但是,在移动互联时代,实体零售店铺已经无形化、二维化、移动化,与顾客形影相随(也可以称其为影子商店),顾客可以随时随地完成购买行为。因此,人们不进有形商店也可以成为客流,突破了原有的时空限制,实体店也随着移动起来,无处不在。

目前通过大数据还可以有针对性地对顾客进行分类和推荐,精准营销理念,更加精确借鉴消费者的需求。

(2) 缺点。

首先,开展全渠道零售的实体店要投入大量的资金。虽然利用网络、通信等新兴渠道营销能省去实体店的租金、人员工资等相关成本,但我们也必须看到百货业进行全渠道运营也带来了实体店改造、客户管理、网站运营、技术支持、数据分析、精准营销、物流配送等一系列不少的成本。

其次,开展全渠道零售的实体店要投入大量的人力。全渠道营销突破了传统的市场开发模式,从客户维护到信息工具的应用,从渠道布局到网络推广,在新兴的平台上,需要配备一批专门的团队。这一团队不但要熟悉互联网各种模式及特征,对电子商务各种商业模式的优缺点熟练掌握,而且还要能根据实际情况,制定出合适的战略规划和战术策略并执行。这样的专门人才,在实体零售现有的市场部门难以满足,必须要新增专业人员才能保证全渠道正常运转。

3.6 全渠道零售面临的挑战

在移动互联网时代,实体零售面临着诸多的挑战,其成本越来越高,人们的消费意识从线下转到线上,不论是购前、购中还是购后,新生代消费者的想法、行为都与传统的消费者有着很大的区别,让实体零售面临着诸多严重的问题,利润越来越低。实体零售究竟面临着哪些挑战呢?

3.6.1 需求触发和购买决策阶段面临的挑战

(1) 不能提供精准营销。

精准营销依托现代信息技术手段,在精准定位的基础上建立个性化的顾客沟通服务体系,最终实现可度量的、低成本的可扩张之路。精准营销相对于一般的网络营销,更加注重精准、可衡量和高投资回报。目前一般的实体零售店却因为许多原因不能为顾客提供精准营销,主要原因如下:

一是缺乏历史数据积累。由于零售企业在很长一段时间都是以商品和渠道为核心,而非以消费者为核心,导致零售企业的运营管理以及数据多是以商品、库存以及供应链为主,对消费者及会员的管理及数据则更多集中在折扣优惠以及积分换礼品等方面,消费者商品购买类别和购买具体产品、购买偏好、购买频次、平均购买金额等则基本无记录,缺乏消费者个人偏好和个性化需求数据的收集和分析。

二是零售业经营模式的限制。以百货为例,从 20 世纪 90 年代已形成了由品牌商控制进、销、存过程的"品牌联营"模式,并且这种模式已经成为我国百货业态的主流盈利模式,大约占到百货店总销售额的 80%~90%。在品牌联营模式下,百货店虽然有效规避了传统百货自营模式的种种经营风险,如降低财务费用、降低劳动力成本、没有过期过季商品"去库存化"压力等,但是联营模式使得百货企业利润被压缩、管理困难、营销策略和售后服务等均受到制约外,更失去对具体商品的采购权和定价权,也难以记录消费者购买产品的全部信息。

三是收集哪些数据以及如何利用缺乏清晰规划。消费者数据的收集类别以及收集方法有很多种，不仅仅是交易数据的记录，更包括从进店频次、行走路径、停留时间等数据，以及除实体店行为和交易数据外的多种线上渠道购买数据，甚至社交数据等，才能对每个消费者有更清楚的认识，并自动化进行产品及服务信息推送。

对消费者数据收集和分析的周期认识不足。消费者数据收集不是短期行为而是长期行为，需不断收集和不断完善，才能对消费者的消费行为和需求进行深层次分析并做相应的营销计划。

（2）与消费者的互动策略缺乏。

虽然与消费者的互动渠道已经建立（如微信、微博），但缺乏清晰的与消费者的互动策略及互动内容缺乏。

首先，无论线上还是线下的消费者互动，都需要有清晰的互动目的或目标，并根据目的、目标执行相应的互动策略以及效果评估标准。而目前的消费者互动，尤其是线上的互动，更多以信息展示为主，缺乏明确的目标和可评估的标准，以及相应完整的策略设计。从根本上来讲，与消费者的互动以消费者用户体验为核心，这不仅包含了消费者的个人偏好，更包括了消费者的消费心理、价值观、消费观、情感需求等，并与零售企业的文化及产品特性及定位进行融合。而目前零售企业的消费者互动，在这些方面处于摸索阶段，缺乏成功经验和模式参考。

其次，互动内容单一。由于互动策略的缺乏以及对消费者个人偏好和需求的洞察，目前大多数零售企业的线上信息推送只是将原有线下信息推送线上化，如新品信息、折扣及优惠信息等，而非针对消费者个人偏好和个人需求进行有针对性的推送；更难以做到实时地互动、主动判断和决策以吸引消费者下单。

（3）缺乏线上线下同时运营客户的能力。

因未实现同一消费者同一账户，难以实现在不同渠道识别同一消费者并采取销售行动。消费者同时有线上购买及线下购买，且线上购买行为和线下购买行为可能不一致。在目前状况下，受产品区隔、线上线下业务流程及IT系统未打通等影响，大多数零售企业的线上体系与线下体系完全割裂，或虽在某些环节（如商品展示、支付）有打通，但难以在线上线下不同渠道识别同一消费者，而是作为不同消费者客户分别进行记录，这使零售企业难以做出主动决策以吸引消费者下单。

即便在某些业务流程上已经实现线上线下的打通，但由于线下业务流程不适合线上业务，也导致零售企业线上线下运营客户的能力不足。例如，零售企业在线上线下支付环节以及库存管理都实现打通，但线下实体店不能就近或按需进行物流递送，仍不能满足消费者线上线下一体化的购物需求。

（4）与其他互联网公司、第三方销售进行合作策略缺乏。

目前，零售企业自建平台的比例较高，但消费者也活跃于第三方销售平台及其他互联网上。零售企业在与哪些公司合作、合作价值及利益点、合作方式、合作内容策略等方面经验缺乏或认识不足。

3.6.2 购买和使用阶段面临的主要挑战

（1）线下整套业务流程难以适应全渠道业务变革。

从下单、支付、配送的环节来看，已经有部分企业实现了线上线下订单系统、库存系统以及物流仓储等供应链系统的打通，但是更大的挑战和困难在于目前线下的一整套作业流程不适合全渠道变革的需求，导致虽然在系统或某些节点上打通，但还是线上做线上的，线下做线下的，并没有真正做到线上线下的融合。以线上下单为例，门店送货最快捷、供应链最短，能以成本最优方式最好地满足客户需求，但需要一些前提：一是对线下门店来讲，为线上购买的消费者提供商品快递及送货服务也是其职责之一，并不与其线下的销售行为产生业绩矛盾；二是在库存管理及补货方面，线下门店需要将线上需求考虑在内，并成为其主要职责；三是在商品相关财务核算及结算方面，需要能够支持线上线下融合。

（2）线上线下一体化的退换货对业务流程、财务结算、管理体系挑战巨大。

使用阶段的挑战不在售后维修方面，而是在退换货方面。例如，实现线上购买线下退货，或任何一个店购买的产品可以在任何一个实体店或线上退货等，这对企业的业务流程、财务结算等都有非常高的要求，需要企业的业务流程、管理体系、财务体系等做巨大的转型。

例如，要实现线上购买商品任一线下店面退换货，则线上线下需实现一致化的服务：

在业务流程方面：①门店需要能够随时查到消费者线上消费具体情况；②线下零售店面以及线上客服中心，需要与公司质检中心共享、打通会员体系及销售体系。而对于线上线下销售产品不一致情况下，如果要实现线上购买线下互相退换货,则更为复杂。

在财务体系方面:门店对线上销售产品的退换货,需要在财务系统中都能有实时的体现。这将导致财务系统的复杂性大大提高,并需要重建或调整优化。

在管理体系方面:①门店人员的职责及业绩考核中需包含对线上销售的退换货服务;②零售企业需制定线上线下一致的退换货政策;③IT系统需能够实现并支撑所有的业务流程、财务流程及运营管理考核。

3.6.3 在后台运营及管理方面面临的主要挑战

(1)在全渠道KPI体系的建立方面目前存在巨大的困难。

目前,大多数公司一般会设立独立的线上或全渠道的部门或公司,线上与线下业务分离,或全渠道销售与公司整体的生产、物流、仓储、财务、HR等系统分离。但是如果不把公司放在全渠道环境下做考核,在全渠道流程和管理上就难以真正打通。

以生产和供应链管理为例,如零售企业设立独立的公司或部门负责线上业务,但不将生产和供应链管理纳入线上业务整体KPI考核,就难以解决线上销售以消费者需求反馈而形成的快速设计、小批量、多批次按需生产、快速高效的物流供应链管理需求,最终在竞争速度、流程及品质上弱于竞争对手。

(2)目前的IT系统对全渠道零售业务的支持方面存在不足。

企业如果想实现真正的、全流程的全渠道销售,需要实现从设计、生产、仓储、运输、渠道、零售系统的全业务流程打通。而这需要对企业的电商平台、移动购物及移动营销系统、CRM系统、仓储系统、物流运输系统、零售系统等做全面改造,以及实现大数据搜集及分析在各个运营、销售及管理环节的全面应用。

全渠道本质上是对原有业务模式及IT系统的改造,如果仅做微调,对于全渠道是不利的,这方面的认识也存在不足。

3.7 全渠道时代消费者的特征

随着互联网技术的日趋成熟与全渠道零售的深入人心,人们的消费习惯与偏好也在发生着改变,"SoLoMoPe"(社交化、本地化、移动化、个性化)是这一时代消费者的主要特征。

SoLoMoPe消费群是怎样的一群人?让我们先来看一个生活案例:

消费者小王打算购置一台单反相机,在不明确哪一款最合适时,他可能会在微信群、微博、论坛等社交媒介上发布消息,询问亲朋好友中的相机达人,并在搜索引擎中搜寻相机的信息,从而对相机有了的初步认识。

考虑到相机是贵重商品,他可能会倾向于在本地的实体店如苏宁易购进行购买;出发之前,他会打开手机GPS,用手机地图搜索附近的苏宁易购,并根据导航抵达。

在店内,他可以在导购员的帮助下,选择各种符合自己偏好的相机;当他准备支付购买时,或许还会在社交媒介上进一步寻求好友的建议……

在这段购物经历中,该消费者一共扮演了四个角色:

一是作为"社交消费者"(Social Consumer),他会基于社交媒介获得好友的建议后再做出购买决策。

二是作为"本地消费者"(Local Consumer),他能基于LBS(即本地位置的定位与服务),随时在所在位置附近找到各类商家,并及时收到商家基于位置推送的优惠促销信息。

三是作为"移动消费者"(Mobile Consumer),他可以随时随地拿出移动终端来搜索任何购物信息、逛任何店面,甚至直接付款购买。

四是作为"个性化消费者"(Personalized Consumer),他可以根据自己种种独特的喜好来选择最合适的那一款商品,而非盲目从众、随波逐流。

倘若将这四个角色融为一体,便成了所谓的SoLoMoPe消费者,即那些同时具备社交属性、本地属性、移动属性和个性化属性的消费人士,而SoLoMoPe,正是Social(社交)、Local(本地)、Mobile(移动)和Personalized(个性)四个英文单词的整合,也是全渠道时代消费者的典型特征。

其实上述购物过程中的一幕幕,很多人都不会觉得陌生,甚至早就习以为常,而这也恰恰侧面印证了SoLoMoPe消费群的兴起——因为当这些购物时的行为举动你都经历过时,其实你已经在不经意间加入了SoLoMoPe消费群的阵营之中,而正是成千上万个这样的人集结在一起,推动了这一波社交化、本地化、移动化和个性化的消费者群体。

3.7.1 每个消费者都是社交化的消费者

微信、微博等社交媒介的持续盛行，让消费者在购物过程中的互动参与等社交性元素不断增强，每个消费者都有能力甚至已经组建起自己的粉丝团或好友团等微型商圈。同时，消费者开始借助社交网络，实时分享各种企业与产品信息，并潜移默化地影响着他人的消费行为与决策。悄然间，这种社交化消费者的"部落式"状态逐渐打破了买卖双方之间的信息不对称，消费者开始更多倾向于听取各种社交圈子好友的意见，而非商家提供的产品广告与信息，而市场主权也因此真正开始回归到消费者身上来。

3.7.2 每个消费者都是基于本地化产品和服务的消费者

当下的消费者越来越需要基于地理位置的产品与服务，而本地位置的定位与服务（Location Based Service，LBS）的日渐成熟满足了这一需求。LBS既可以确定消费者或移动终端所在的地理位置，又能提供基于消费者或移动终端地理位置相关的各种信息服务。基于LBS的相关技术，消费者能够准确地找到本地位置附近的商家，商家同时也能找到周围的消费者，并及时发布最新动态与优惠信息，做到精准营销。

如此一来，在LBS的引导下，线上消费者被带到线下，线下消费者也被带到线上，这不仅助力了线上与线下的融合，还缩短了消费者与商品服务的距离。

3.7.3 每个消费者都开始成为移动消费者

数据可以很好地说明这一点。根据中国互联网络信息中心（CNNIC）发布的第41次《中国互联网络发展状况统计报告》，截至2018年12月，我国手机网民规模达8.17亿，网民中使用手机上网人群的占比由2017年的97.5%提升至98.6%；与此同时，台式电脑、笔记本电脑、平板电脑的使用率均出现下降，手机不断挤占其他个人上网设备的使用时间。

基于这一背景，消费者们获取商品信息的方式也变得越来越多元化。他们可以通过智能手机、平板电脑甚至智能手表等移动终端设备来接触商品信息，还能利用这些渠道对不同的商品进行比对，并综合考虑做出相应的消费决策。与此同时，消费者的购物选择也变得更加多元化，除到线下实体店进行现场体验外，他们还可以通过各种 App 进行模拟试穿或试用；除在现场用现金或刷卡支付外，他们也能在移动终端使用电子支付。

3.7.4 每个消费者都有自己个性化的消费偏好

当前，越来越多的消费者开始注重自身的个性化需求，他们不愿随大流，而是希望买到最喜欢、最合适的商品。以服装为例，长期以来，批量化的成本服装是大多数消费者的选择，如今许多定制化平台纷纷涌现，不仅能够根据不同消费者的需求进行专属定制，还可以让消费者参与到服装的设计与生产环节之中。

此外，从时间与空间的维度看，SoLoMoPe 消费群还希望在任何时候、任何地方都能买到想要的东西，其"全天候、全渠道"的特征同样明显。毋庸置疑，SoLoMoPe 消费群倒逼零售业转型升级。

3.8 新生代消费者对全渠道零售的认知

凯捷集团最新的全球报告显示，对全球 16 个发展中市场和成熟市场的 16000 名数字化购物用户进行调查，结果显示，购物者不再忠诚于单一购物渠道，而是期待着网络媒体、社交媒体、移动媒体和实体店等各种渠道的无缝集成。消费者选择哪个渠道进行购物，主要取决于对零售商能给该渠道所提供的商品、价格、服务水平、店铺位置以及门店形象等要素的感知（Bucklin，1967；Stanley & Murphy，1976）。因此，商家则需利用多种手段跟上越来越多的消费者购物体验需求。除网站外，实体店还在各种社交媒体以及手机 App 上拥有活跃账号，但仅仅这样在竞争中似乎还不够。因此，商家又整合现有的技术创造了一个统一面对消费者的模式，每个渠道，不论是线上的还是线下的，不论是渠道环节还是支持系统，都有一个相同目标：为消费者提供无缝购物体验，并以此来赢得客户，提升客户忠诚度，这就是目前学术界、企业家的研究热点：全渠道营销。

消费者认知是消费者在外部环境的刺激下形成的对某事物的整体感觉和认识（甘碧群，1999），包括动态认知和静态认知两种类型，消费者的动态认知过程的核心是消费者的注意，而静态认知过程的核心是消费者的评价（梁宁建，2003），消费者一般会注意自己感兴趣的事情（周晓燕，2011），在消费后对客观商品或服务给出总体认识和评价（Rudd，2013）。实施全渠道营销的企业，通过网站、实体店、服务终端、社交媒体、移动设备等多种渠道与消费者互动，为顾客全面收集信息提供便利，引起消费者的注意。此外，个性化特性会给消费者提供参与商品设计和制造的机会，以及对购物体验发表评价的平台（马慧敏，2016），进一步提升消费者对全渠道营销的认知水平。

全渠道营销确实给消费者带来了前所未有的体验，但消费者对其了解程度、接受程度、使用意愿目前还没有一个确定的答案，因此，研究消费者对全渠道营销的认知成为必然，以便为实体零售向全渠道零售转型提供消费者方面的支撑。本部分将在梳理全渠道营销的产生背景、消费者认知方面的相关文献基础上，设计出《新生代消费者全渠道购物意愿调查问卷》，就新生代消费者的信息收集、购买决策、购买过程、购后评价等方面进行问卷调查，分析新生代消费者对全渠道营销的了解程度、接受程度及使用意愿。

3.8.1 研究样本选择

新生代消费者再也不像传统的消费者那样信息闭塞，他们的产品知识丰富、购物技巧娴熟、购物方式多样，是决定市场走向的关键因素，通过前面的研究得知，大部分商家都认为是消费者的需求促进了他们使用全渠道营销，因此，本书的主要意图是研究消费者对于全渠道营销的了解程度、接受程度和使用意愿，为商家实施全渠道营销提供有力佐证。为了进行实证，研究选择了新生代消费群体作为我们的样本，并通过网络调查问卷的方式收集相关资料。

新生代消费群体是年轻的一代、时尚的一代，是深受网络环境和多种价值观念冲击的一代，他们对互联网知识较为了解，又经常通过网购来满足日常生活。在本书中以信息管理、物流工程、市场营销三个专业大三、大四的694名在校大学生作为新生代消费群体的代表。选择该样本消费群体作为新生代消费群体的代表，主要基于以下原因：①他们的消费模式将主导未来社会消费模式；②拥有成为数字化客户的技能及知识；③是多渠道购物、购物先进技术及相关服务的早期采用者；④对新事物适应快。

3.8.2 问卷设计

本研究的问卷分为三大部分,一是新生代消费者的基本情况(性别、年龄)的调查;二是新生代消费者在进行多渠道购物时必备的技能及相关设备调查;三是新生代消费者对全渠道营销的接受程度、使用意愿的调查,包括购物渠道的选择、购物方式的应用、购物决策的影响因素等。由 39 个封闭式的问题组成,以利于将不相干的回答减少到最低程度,便于回答、节省时间、提高调查表的回收率和有效率。有些问题也留出了"其他"选项,以便让被调查者发表自己的想法,避免遗漏选项。2019 年 4 月,问卷在徐州工程学院进行了预调查,修正了一些有歧义的用词及表达后,形成了正式问卷,于 2019 年 5 月共发放正式问卷 736 份,共收到来自江苏、浙江、上海、北京、天津、江西、山西、陕西、河北、湖北、河南等地高校的有效问卷 694 份,有效回收率为 94.29%。

3.8.3 问卷的信度、效度检验

(1) 信度检验。

重测信度。为了测试同一对象在不同时间反映内容是否有差异,进行重测信度检验,若重测信度好,则测试稳定性高。假设一次测量时的观测值是 X_1,第二次的观测值是 X_2,那么重测信度就等于 X_1 与 X_2 的相关系数。公式为:

$$R = \frac{\frac{\sum X_1 X_2}{N} - M_1 M_2}{S_1 S_2} \tag{3-1}$$

其中,X_1、X_2 为两次测验同一样本来源所测得分,M_1、M_2 为两次测验平均分,S_1、S_2 为两次测验标准差,N 为测试人数。

问卷正式开放前,我们请徐州工程学院的部分调查对象先后进行两次内测,时隔 15 天,两次调查的信度系数 $R = 0.91$,$P < 0.01$,表明此问卷具有较高的稳定性。

内部一致性信度。现学术界普遍采用的方法为 Cronbach α 信度系数法,本研究使用该数据信度检验方法,首先对问卷所有调查数据进行了内在信度检验,所得结果如表 3-2 所示。

表3-2　可靠性统计

Cronbach 系数	基于标准化项目的 Cronbach 系数	项数
0.913	0.894	64

分析后的 Cronbach α 系数为 0.913，大于 0.9，说明设计的问卷题目信度较好，因此可以判断问卷具有很高的内在一致性，表明调查问卷设计良好。

（2）效度检验。

结构效度。首先对问卷进行了 KMO 和巴特利特检验，结果如表 3-3 所示。

表3-3　KMO 和巴特利特检验

KMO 取样适切性量数		0.929
KMO 的球形度检验	上次读取的卡方	22292.769
	自由度	2016
	显著性	0.000

KMO = 0.929 > 0.8，越接近 1 说明因子分析的效度越好，本问卷可以进行因子分析，因此本研究进行结构效度分析采用的方法是因子分析法，分析结果如表 3-4 所示。篇幅有限，现仅列出特征根大于 1 时的方差解释情况。

表3-4　因子分析总方差解释

组件	初始特征值			提取载荷平方和		
	总计	方差的%	累积的%	总计	方差的%	累积的%
1	13.119	20.823	20.823	13.119	20.823	20.823
2	5.008	7.949	28.772	5.008	7.949	28.772
…	…	…	…	…	…	…
17	1.085	1.722	72.948	1.085	1.722	72.948
18	1.047	1.662	74.609	1.047	1.662	74.609

提取 18 个公因子，共解释 74.609%，总体上问卷的结构效度良好。

3.8.4 实证研究结果与分析

(1) 消费者对全渠道营销的了解程度。

消费者对全渠道营销中必备的相关设备的拥有程度、对相关购物术语的知晓程度以及相关技术的了解程度,反映了其对渠道营销策略的熟悉程度及应用现状,对相关设备、购物术语以及相关技术等越了解,说明其对全渠道营销策略越熟悉,也对其使用的越频繁,认知程度越高。

1) 消费者对相关设备的拥有情况。

根据调查情况,消费者对于全渠道营销中所涉及的相关设备,如个人计算机、智能手机、平板电脑等并不陌生,大多数人拥有个人计算机(78.39%)或智能手机(80.12%),从调查结果中看出好多人是同时拥有这两者(见表3-5),为消费者了解、熟悉商家的全渠道营销提供了物质基础。

表3-5 消费者拥有相关设备情况

选项	小计(人)	比例(%)
个人计算机	544	78.39
智能手机	556	80.12
平板电脑	202	29.11
智能手表	87	12.54
其他(请写明)	16	2.31
没有	14	2.02
本题有效填写人次		694

2) 消费者对相关购物术语的了解程度。

消费者对全渠道营销中相关技术术语的了解程度,反映了其对全渠道营销的熟悉及使用状况,对技术术语越了解,说明其对全渠道营销策略越熟悉,也对其使用的越频繁。调查结果显示,只有6.05%的消费者对购物术语,如折扣、包邮、团购、会员、积分、App等不熟悉,如表3-6所示,反映了新生代消费者已经熟悉并经常应用全渠道营销给其带来的便利性、实惠性。

表3-6　对购物过程中相关术语的熟悉程度

选项	小计（人）	比例（%）
熟悉	326	46.97
一般	326	46.97
不熟悉	42	6.05
本题有效填写人次		694

3）消费者对相关技术术语的了解程度。

全渠道涉及许多相关技术术语，如消费者识别、物流、信用、支付、移动终端等，这是商家在对消费者进行服务的时候产生的基本技术术语，消费者对这些技术术语的熟悉程度说明了其对全渠道营销策略的熟悉程度，越熟悉这些术语说明其越熟悉全渠道营销策略。只有10.23%的消费者表示对于全渠道营销的相关技术术语不熟悉，表明大多数消费者对全渠道营销所经常应用到的技术术语是熟悉的，如表3-7所示。

表3-7　对购物过程中相关技术术语的熟悉程度

选项	小计（人）	比例（%）
熟悉	289	41.64
一般	334	48.13
不熟悉	71	10.23
本题有效填写人次		694

（2）消费者对全渠道营销策略的接受程度。

全渠道营销从产生到被消费者接受有一定的阶段性，消费者一般都要经过知晓、感兴趣、试用、接受的过程，本研究对新生代消费者初步使用全渠道营销的跨渠道购物体验、购物使用工具、购物信息来源等进行了调查，反映了新生代消费者对全渠道营销这种新生事物的接受程度。

1）消费者对购物渠道的接受程度。

全渠道购买是指消费者同时采用多种渠道进行跨渠道购物，满足其购物、娱乐和社交的无缝购物体验需求的购物行为（Verheof et al.，2015）。调查结果显示，同时通过实体店、网店、微店等渠道购物的达到35.98%以上，说明新生代消费者对采用跨渠道购物已经有较高的接受度，如表3-8所示。

表 3-8 对购物渠道的采用情况

选项	小计（人）	比例（%）
主要在实体店	193	22.81
主要在网店	218	31.41
主要在微店	61	8.79
以上都有	215	35.98
其他（请写明）	7	1.01
本题有效填写人次		694

2）消费者对通过移动端购物的接受程度。

全渠道营销具有三大特征，即全程、全面、全线，移动客户端可以很好地满足这些特征，使企业保持与消费者的全程接触、提供消费者的购物全过程的数据、与消费者的及时互动，做到线上与线下的融合。调查显示，多达 64.12% 的消费者使用手机，即移动端进行购物，加之 20.32% 的既用手机又用计算机的消费者，总体有 84.46% 的消费者会利用手机移动客户端进行购物（见表 3-9），说明移动端购物以其移动性、随时随地性、灵活性与便捷性等优势，满足全渠道时代消费者 SoLoMoPe 的消费特征，已得到消费者的广泛认可。

表 3-9 使用移动端购物

选项	小计（人）	比例（%）
手机	445	64.12
计算机	108	15.56
两者结合	141	20.32
本题有效填写人次		694

3）消费者的购物决策信息来源。

消费者在进行某项购买决策时，其主要的信息来源有相关群体（如家庭成员、朋友等）、企业自身（如商品目录、广告等）、公共信息（如网络、电视等）以及个人经验（如消费者的使用评价等）。调查发现，目前消费者主要的信息来源是线上的评价,占68.3%,消费者一般在做出购买决策之前,都要到网络上浏览其他顾客的对于产品正面或负面的评论信息,这些真实、大量、匿名的评价信息,已经成为消费者购买决策的主要信息来源,如表3-10所示。

表3-10 购物决策时主要的信息来源

选项	小计(人)	比例(%)
线上的评价	474	68.3
朋友/家庭成员	337	48.56
商业广告	253	36.46
流行趋势	362	52.16
其他(请写明)	28	4.03
本题有效填写人次		694

(3)消费者对全渠道营销的使用意愿。

消费者购物过程一般被划为三部分:信息搜寻、商品交易和购后评价,全渠道时代也不例外。全渠道营销活动的目标是使目标顾客的随时随地购物的需要和体验诉求得到满足和满意,没有消费者的购物过程的实现,就没有企业营销活动目标的实现。

1)消费者购前对信息搜集渠道的使用情况。

购前信息搜寻行为是消费者购买决策过程的重要阶段,不同于传统的被动接受商家的信息,全渠道营销时代的消费者已经进入了一个信息几乎透明的时代,一般会通过多种渠道收集商品信息,网络社交平台、朋友圈里的各种消费评价、建议及意见更容易被消费者所接受及相信,因此在购物之前越多收集商品信息的消费者,其对全渠道营销的接受程度越高。本研究中受访者有81.5%总是在购物之前在网上收集该商品信息,常用的信息收集渠道是品牌官方网站(56.5%)、社交网站(45.4%)、点评网(34.7%)、微博(40.5%)、微信(27.0%)、已有用户评价(39.3%)、朋友或者家人介绍(27.1%),如表3-11所示。

表 3-11　消费者信息收集渠道

选项	小计	比例（%）
品牌官方网站	392	56.5
社交网站	315	45.4
点评网	241	34.7
微博	281	40.5
微信	187	27.0
已有用户评价	273	39.3
朋友/家人介绍	188	27.1
本题有效填写人次		694

2）消费者在购物过程中对全渠道营销模式的接受情况。

利用全渠道进行购物，消费者希望商家能提供多种购买同一商品的渠道，能便捷下单、便捷支付以及最佳的配送方式。当新生代消费者遇到"在一家实体店购物时，心仪的商品缺货了，接下来你最有可能怎么办？"这个问题时，他们的回答汇总如表 3-12 所示。

表 3-12　消费者对全渠道营销的接受意愿汇总

序号	全渠道营销策略内容	同意该策略的消费者所占比例（%）
1	将在店内付款买下该商品，让店家随后免费送货到家	85.6
2	将到另一家实体店买下该商品	80.0
3	将随后在该店的网店买下该商品	82.1
4	将到另一家网站买下该商品	79.3
5	将在店内付款购买该商品，并付运费让店家随后送货上门	72.6
6	在该店内，将通过手机在另一商家购买	73.2
7	在该店内，将在该店的手机商城购买该商品	75.5
8	将在该店付款，然后去另一家连锁店取货	71.2

由表 3-12 可以看出，70% 以上的新生代消费者认同并使用商家推出的全渠道营销模式。

3）支付手段的选取。

全渠道零售时代，使消费者能够支付他们在任何一种购物渠道购买的东西，同他们能够买到任何想要的东西一样重要。目前智能手机和其他移动设备的扩散以及迅速发展的信息技术，消费者随时、随地支付其购买的商品已经成为现实。新生代消费者对于通过智能手机支付的意愿已达 91.1%（见图 3-2）。

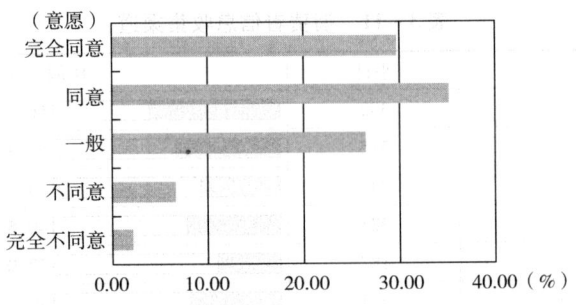

图3-2 消费者希望通过手机支付的意愿

4)购后评价、推荐及参与意愿。

消费者的购后在线评价涵盖了商家与客户交易全过程的各个环节,较为真实地反映了消费者的购物体验和商家的信誉度,因此购后评价对消费者和商家都至关重要。调查结果显示,有81.9%的受访者会在其购物后进行评价(见图3-3),有82.7%的受访者会向其朋友推荐该商品(见图3-4),可见消费者购物后在社交圈进行分享的现象已经十分普遍,充分体现了全渠道购物的社交性(So)。

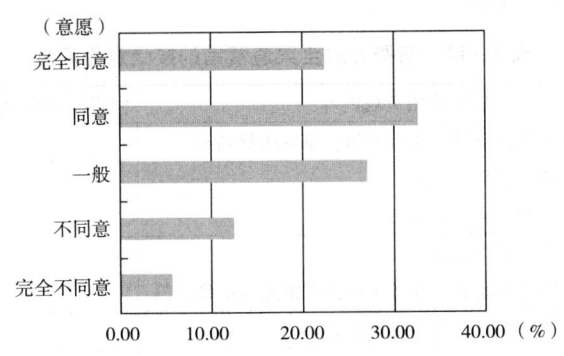

图3-3 收货后的评价情况

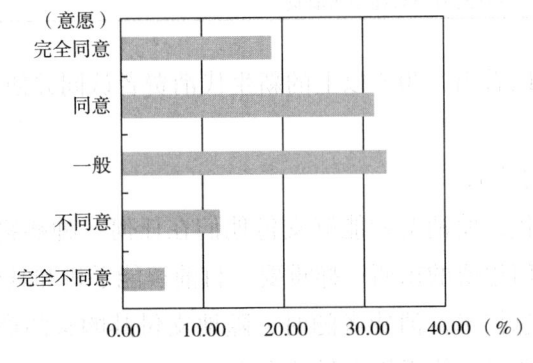

图3-4 购后向朋友推荐情况

3.8.5 结论

通过对 694 名新生代消费者对全渠道营销的了解程度、接受程度和使用意愿进行的调查,可以看出:

(1)消费者对全渠道营销的了解程度。消费者对全渠道营销中必备的相关设备的拥有程度以及对相关购物术语、技术术语的知晓程度都很高,使用也很频繁,反映了其对全渠道营销的熟悉程度很高,认知程度很高。

(2)消费者对全渠道营销的接受程度。本研究对新生代消费者使用全渠道营销的跨渠道购物体验、购物使用工具、购物信息来源等进行了调查,反映了大多数新生代消费者都有通过实体店、网店、微店等跨渠道购物的经验;新生代消费者主要喜欢使用手机购物,其次喜欢使用电脑购物;影响其购物决策的信息来源主要是在线评论以及朋友圈的推荐。总之,对全渠道营销这种新生事物的接受程度较高。

(3)消费者对全渠道营销的使用意愿。深入调查了新生代消费者在购物前、购物中、购物后对于全渠道营销的使用情况,购物前新生代消费者通过社交平台、朋友圈等收集产品的各种消费评价、建议及意见,购物过程中更是希望商家能提供多种购买同一商品的渠道,能便捷下单、便捷支付以及最佳的配送方式,购物后大多数会写下自身真实的购物体验及使用感受。

本次调查研究主要考虑东部、中部地区的信息化程度相对较高、新生代消费者的消费行为较为超前、商家全渠道营销实施有一定的基础,因此其正式问卷主要来自于东部、中部地区,没有涵盖西部地区,西部地区的新生代消费者对全渠道营销的认知行为没有涉及,西部地区的消费者对全渠道营销的认知可以进行进一步的研究,以便获得全国新生代消费者对全渠道营销认知的整体数据。

4　国外全渠道零售模式的实践研究

欧美发达经济体的电商起步较早、行业基础也更为扎实，在很多方面还是有可供我国借鉴的经验。西方零售业推行的是"品类管理"理念，与我国实体零售普遍采用的联营模式相比，它们的全渠道路径实施起来更为顺畅。所谓"品类管理"是指，基于品类经营思维来组织商品，更符合消费者的消费习惯。例如，在实体店里 LV 皮具的旁边，摆着的可能是 GUCCI 的包，也可能是 COACH 的商品，也可能是某个不知名的设计师的手作作品，把它们摆在一起，因为它们都是奢侈品。欧美经济体零售商的"品类经营"理念与模式，与电商平台的"品类经营思维"是一致的。消费者到网络平台购物，虽然也可以用品牌进行搜索，但更多的还是先有女装、男装、鞋帽、箱包、电器等各种商品品类，点进去之后才是各种款式、颜色、品牌。

因为有品类经营与高比例自营基础，欧美零售商主流的零售企业普遍具有全渠道零售的经验能力。这些渠道包括：

（1）商城自建的官方网络商城、移动端商城。包括与社交媒体、线上高流量 App 联盟商户进行联合经营（类似中国区域实体零售商与腾讯网区域站开辟购物专栏进行联合经营）。

（2）在亚马逊、易趣等第三方平台上开辟的旗舰店。

（3）大屏（在商城实体店以及联盟店店铺内设置购物触摸屏）加小屏（在商场货柜前设置电视屏及 iPad 等，以利于顾客选择商场中没有而电子库存内有售的商品）。

（4）其他：推特、脸书、DM、目录销售、个人自媒体分销等。

从以上渠道可以看出，欧美经济体零售商也在随着人们生活习惯于消费模式的变化而变化，但始终围绕着全渠道经营模式的核心：为顾客提供高性价比的商品、更加的便利性、优质的服务，以及提升顾客整体价值，提高零售业的整体竞争力。

本书将以美国梅西百货、百思买、airbnb、星巴克作为例子来说明全渠道经营模式在国外的应用。

4.1 梅西百货

1858年，罗兰·哈斯·梅西（Rowland Hussey Macy）先生在纽约曼哈顿第14街和第6大道的交叉口上，以自己的名字命名开设了一家商店——R. H. Macy & Co.，其旗舰店现位于纽约曼哈顿中城第三十四街与百老汇街、第七大道的交接处，已成为纽约人与观光客的汇集之地。梅西百货公司（Macy's）是美国的高档百货商店，主要经营服装、鞋帽和家庭装饰品，以优质的服务赢得美誉，在美国和世界有很高的知名度，最多时共计有850多间店面，成为真正的全球品牌。梅西百货公司（Macy's）的理念是：顾客是企业的利润源泉，员工是打开这一源泉的钥匙。

梅西百货走出了金融危机的低谷，市值和销售规模连续增长，公司CEO兰格伦将这些归功于M. O. M——My Macy's（我的梅西百货）、Omnichannel（全渠道战略）、Magic Selling（魔力销售），看起来花哨的词语，分别代表着本地化、线上线下资源的整合，以及服务品质。总结起来梅西百货在全渠道方面的经验主要有以下五点。

4.1.1 顺应潮流、打造网上渠道

梅西百货在2008~2009年经济低迷时期，开始困难重重的转型。转型的背后是梅西所进行的全渠道融合战略，早在1996年就开通了公司网站（macys.com），是最早"触网"的零售企业之一，那时候卖的只是图书和CD，当年收入只有区区3万美元，一直到2000年，梅西都没有通过网上商城赚到过一分钱，但梅西深深知道肯定会出现一种新的商业模式，使公司摆脱目前困境。CEO兰格伦说："说实话，我当时确实没有找到方向。我只是觉得，一个不赚钱的商业模式怎么能持久呢？我知道一定会出现一种不同的商业模式。后来它果然出现了。"随后梅西投入巨额资金进行IT基础设施建设，以满足顾客日渐变化的购物方式。从那时起直到现在，梅西百货在打造网上渠道上不吝投入，仅2006~2008年就投资3亿美元进行IT基础设施建设。兰格伦曾回忆说，"2001年前后就有人问过他，你这样看重梅西网站，不担心以后顾客只去网购，不去你们商店了？"兰格伦的回答是："不，我

唯一担心的是他们去别的网站购物而不是我的。我很清楚，顾客在进化，在改变他们的购物方式。我们必须跟随他们改变，没有回头路可走。"他说，"无论顾客使用什么样的购物渠道，梅西都想要进入"。自1996年开始触网的梅西百货，早已开始关注怎样利用最新的科技，将线上线下、实体店和移动渠道的优势相互借力。

梅西百货在对顾客的购买行为进行分析后认为，大部分顾客并不是只在网上或者只在实体店购物。他们根据自己的需要选择购买渠道。因此，重要的是让顾客知道，梅西百货能够满足他们的购物需要，无论是在梅西实体店里、在梅西网站、在梅西移动应用上还是在其他梅西品牌的渠道。关键是让消费者选择梅西品牌。"越来越多的梅西（Macy's）百货和布鲁明戴尔（Bloomdale，也归属梅西百货集团）百货店的顾客既使用网络购物，又会到实体店购物。这两种渠道之间的互动具有非常强大的效用，我们不断发现，使用两种渠道购物的顾客比使用单一渠道购物的顾客购买额超出一倍。"兰格伦说："而且每1美元的线上收入，会在此后10天里为公司带来近6美元的实体店收入。"如今，梅西百货的线上业务年销售额已经超过10亿美元。

4.1.2　线上线下，提供一站式无缝购物体验

在电子商务的初创期，各企业都努力在网上营造出实体店的顾客体验。当网上商城红火了以后，各大零售商们从网上购物的体验中吸取精华后移植到实体店。而梅西百货的做法是将这两种理念结合，互取所长，以期为顾客打造出贯穿多种购物渠道的、始终如一的和无缝的购物体验，从而留住顾客，赢得竞争。梅西百货将其称之为"全渠道（Omni-Channel）策略"。"全渠道（Omni-Channel）策略"为顾客打造出贯穿多种购物渠道的、始终如一的和无缝的购物体验，在这一策略之下，梅西百货和布鲁明戴尔（Bloomdale）百货店开展了一系列试点项目，推出多项互动性的自助服务技术，以加速购物结算流程和"移植网上购物体验"。"全渠道（Omni-Channel）策略"有个非常明确的主题——"让购物体验简单而周到"。这些改变能够为顾客提供更快速、更高效和更轻松的购物体验。考虑到顾客在网购时的习惯（购买前喜欢在网上了解商品，并到实体店内感受商品），梅西百货还增加了许多自助设备，能够帮助用户查询网上顾客评论、在社交媒体上分享购物清单以及进行一站式自助购物，其POS机上可以下电子订单，价格查询机还能够给顾客推荐商品，手机App可以点对点向顾客发送电子优惠券等。同时，眼看着社交网络的风起云涌，他们还在推特、脸书上分别开设了账

户，吸引了大量粉丝。所有的一切，都是为了顾客更好地享受融合了各渠道优点的购物体验。这充分体现了梅西百货对于多渠道的看法：购物，不论是使用哪种渠道，都应当从实体店和在线体验中吸取最好的精华。正如其CEO兰格伦所说："我们'泛策略'的最终目标是与客户建立更深的关系，确保顾客无论想何时以何种方式来梅西百货和布鲁明戴尔（Bloomdale）购物，都能够如愿以偿。"

具体而言，梅西百货实行的措施与服务包括：

（1）搜索与递送服务（Search & Send）：将梅西的后台库存系统整合进店铺前端的零售收银系统中，在梅西百货和布鲁明戴尔（Bloomdale）的近千家店铺中，如果顾客在某家实体店里或者网上看中了一件商品，但是这家店没有合适的颜色或尺码，或者根本不卖这件商品，销售人员可以从网上搜索合适的商品并下订单，把商品直接快递到顾客的家里。

（2）美容小站（Beauty Spot）：这是安装在实体店里的自助服务机，顾客能够在这台机器上搜索化妆品库存、了解和研究产品功能，以及进行购买。一个"美容小站专职礼宾助理"在现场为顾客提供使用帮助，并协助处理信用卡交易。

（3）电子屏（Tablets）：在实体店里装配的电子屏提供与美容小站类似的自助服务功能，还可以用于辅助送货服务，礼宾助理通过使用全球定位系统和数字签名套件来更有效和准确地管理送货流程（见图4-1）。

图4-1　梅西百货的电子显示屏

（4）真试衣（True Fit）：这是梅西网上商城（macys.com）上的一个应用工具，帮助女性顾客精准选择最适合她们"独特的身体和喜好的风格"的牛仔裤。

（5）客户响应设备：梅西百货将商店的付款设备进行改装，使之可以支持像谷歌钱包这样的新支付技术（见图4-2）。

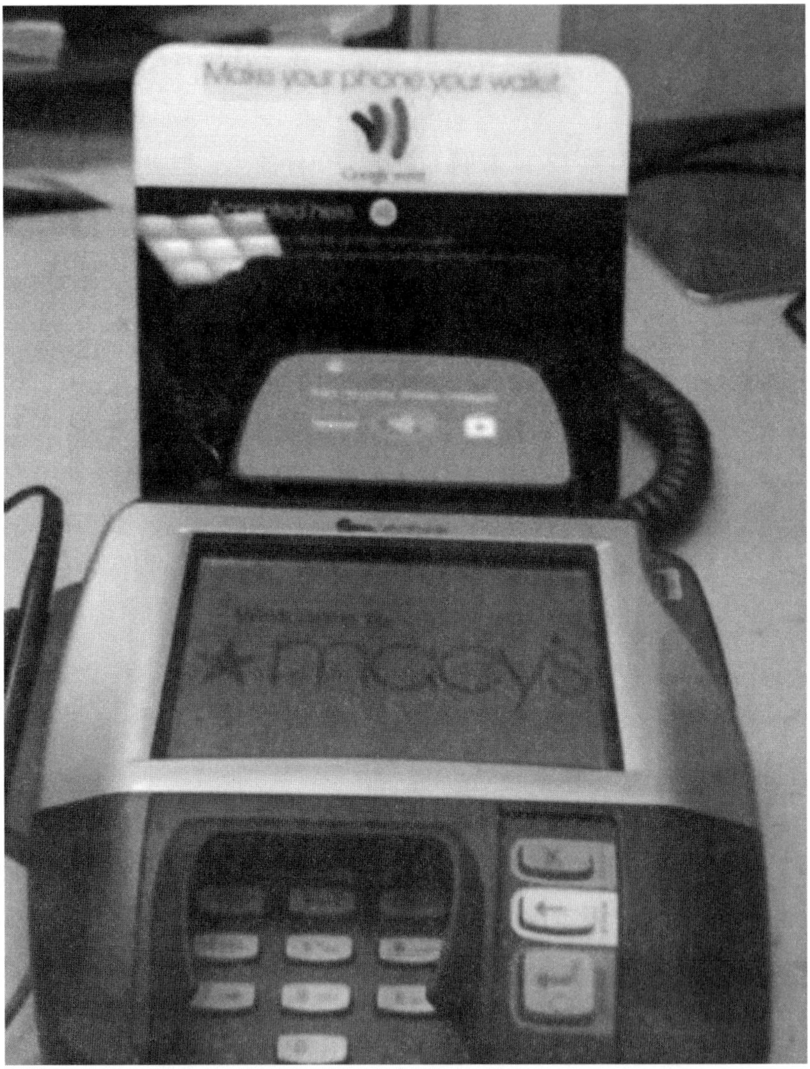

图4-2 梅西百货的短信服务

此外，梅西百货的"全渠道"项目还包括开通店内 Wi-Fi、配备电子收据等设施。同时，眼看着社交网络的风起云涌，他们还在推特、脸书上分别开设了账户，吸引了大量粉丝。

根据市场研究机构 IDC Retail Insights 最近的研究结果，全渠道消费者是标准的黄金消费者。相对于单渠道消费者，多渠道消费者平均要多消费 15%~30%。而相比于多渠道消费者，全渠道消费者平均要多消费 20%。更为重要的是，全渠道消费者的顾客忠诚度要远远高于前两者，还会通过社交媒体和在线活动影响更多的顾客。

4.1.3 实施本地化策略，迎合顾客口味

CEO 兰格伦发现，现在的梅西百货很难为顾客提供个性化服务，因为每位购物者和中层经理不得不与遍及全国十个州的 200 家商店打交道。意识到这点之后，他推出了"我的梅西百货"（My Macy's）计划，所依据的理念是让顾客和高管与 20 个试点地区的少数商店进行合作。其目的是迎合当地人口味，增加同类商店的营业额并削减成本。据兰格伦称，在短短几个月内，"在这个生意艰难的时期，最初试点的商场将营业额提高了 250 个基点，"或者说，比在国内其他地区的商店提高了 2.5%。2010 年 2 月，他计划将"我的梅西百货"计划扩展至其余 49 个大都市区。梅西百货在过去的五年内飞速发展，遍地开花，从 2005 年 7 月的 424 家梅西品牌连锁店增加至目前的 810 家。

"我的梅西百货"战略的本意是根据各个门店周边顾客的地域特点配置商品种类：如偏北方寒冷的波特兰和旧金山门店，即使在夏天也会准备毛衣等商品；而在南方偏热的门店则多配置更多的白色牛仔服；在公务员集中的华盛顿特区出售更多的职业装等。此外，在尺码和颜色上，也会根据地区特点的不同进行不同的配置。

为此，梅西百货对于内部采购和商品配置流程进行相应的调整，如品类管理实施统一化与地域化、集权与分权相结合的策略，也就是"地方提需求、总部来筹集"。这一改革使梅西百货可以更快地适应顾客的需求和决策，提高运营效率和执行力度，减少冗余费用，保持和供应商的良好合作关系。同时，门店可以切合顾客需求，减少打折，引进更多的高利润特色产品。在实施这一战略的 3 年时间里，梅西百货的利润增加了一倍，股价从 2008 年的低点（不到 10 美元）上涨

了近6倍，最高达到41美元。

4.1.4 利用大数据，满足消费者个性化需求

CEO兰格伦力求通过集中管理职能、扩大高科技成果以及利用计算机技术来跟踪顾客，从而节省数以亿计的美元，同时还要求商场提供个性化服务，希望能通过利用更先进的消费习惯跟踪技术，来减少危机对省钱有道的顾客所产生的影响，目的是说服他们在每次逛梅西百货的时候花更多的钱。

梅西百货与德恒公司美国分公司（Dunnhumby USA）签订了一份所谓的"重要的多年合作协议"，这是一家技术型的消费者意见咨询公司，曾经帮助英国零售商乐购（Tesco）扭亏为盈。根据经验，服装销售要比食品等日用品更难以预料，通过德恒的工作，梅西百货可以更好地观察多数顾客的个人购买行为。例如，公司的技术不仅可以跟踪什么时候提醒倩碧（Clinique）化妆品的买家来重新进货——大约每10周，而且还可以显示出倩碧的买家还在购买时尚首饰。这样，梅西百货就可以对他们进行相应的市场营销。兰格伦指出，梅西百货曾经根据不同的气候特点而发放4份不同的秋季促销商品目录，但是在德恒的帮助下，派发了695个针对性极强的不同版本。

"如果你给体型偏小的顾客发送大号商品的目录时，她会说，'你没明白我的意思——你压根儿就不了解我'。"兰格伦说道，"所以，'我的梅西百货'指的是，当你收到我们邮寄的商品，或者当你在梅西百货拿到商品时，你会说，'这就是我的梅西百货。这不是千篇一律的梅西百货'"。

4.1.5 组建网络物流中心，快速响应顾客需求

面对电商巨鳄亚马逊来势汹汹的冲击，梅西百货已经把店铺转化为配送中心，依靠其在全美国800多家门店与亚马逊的物流网络抗衡。利用实体门店的存货仓库作为网上订单的配送中心，最大的好处是能更好地管理库存。顾客订购的产品即使网上仓库缺货，只要任何一家实体门店有货，梅西都可以快速调配并发送给顾客。然而这一做法，并非十全之策。因为这类店铺转配送中心的方式，依靠的是梅西的人工操作，对于利用机器人读码锁定货物的亚马逊的高科技配送中心，效率高低可想而知。

于是，梅西公司在位于美国富兰克林林荫大道的金宝汤公司创建了一个175

名员工的网络物流中心。这个新扩建的物流中心使用最先进的设备,以尽量缩短配送时间,是传统制造业逐步衰退而网络零售业正在改变经济格局的最新佐证。这个物流中心也使得梅西百货可以更快地响应顾客的需求和决策,提高运营效率和执行力度,减少冗余费用,保持和供应商的良好合作关系。

4.2 百思买

百思买(Best Buy)是全球最大的家用电器和电子产品的零售和分销及服务集团,该集团包括百思买零售、音乐之苑集团、未来商场公司、Magnolia Hi – Fi 以及热线娱乐公司、Future Shop、五星电器,在北美同行业中处于领先地位,2018年7月19日,《财富》世界500强排行榜发布,百思买位列第261位。公司的发展宗旨是:百思买公司以物美价廉、易于使用的高科技娱乐产品提高生活品质,坚信:遵循企业展望,执行企业使命"帮助顾客将科技与生活完美结合"。本着这一宗旨,从2002年下半年起,百思买零售不仅在全美境内,而且在加拿大都开设了分店;音乐之苑集团公司的分店遍布全美,波多黎各以及美属维尔京群岛;未来商场公司在加拿大各省都有分店;Magnolia Hi – Fi 是立足美国本土的顶级名牌电子产品专营店,其中热线娱乐是百思买音乐和娱乐产品汇总的品牌名称。

百思买是美国家电的龙头企业,2010年遭遇电商冲击,消费者进行比较购物,在网上寻找更低的价格。有时,他们在打量过实体商品以后,就在百思买商店的过道里,用智能手机查价格。分析师们预计,这种"展厅现象"会毁了百思买。不过,分析师们预计的这种现象并没有发生(至少现在还没有发生)。相反,百思买又开始赚钱了,且其股票价格增长了2倍。百思买成功修复了它的在线商店,并且使网上展示的商品与其超过1400家的商店网络更紧密地结合起来,该公司认为这种方法或许能中和"展厅现象"带来的威胁。公司以门店为据点拓展线上,以线下门店以及口碑带动规模提升,并提升线下的经营效率,走出线上线下融合的路径,业绩持续恢复,其间股价不断创新高。

图 4-3 百思买

线下,公司减少门店数量(12.95%),缩减员工数量(44%),人员创收以及租金费用率下降,整体净利润率(营业利润率由 2013 年的 0.2% 提升至 2017 年的 4.7%)水平提升。

公司持续转型,实现全渠道融合,在占据家电绝对市场后,转变经营思路,由产品导向变为顾客导向,利用门店数量规模给予顾客增值服务;公司以线下为引流工具以及分销中心,提升线上销售占比,利用积累的供应链优势以及门店数量体验优势,产品价格灵活调整,产品价格整体低于亚马逊。

线上线下融合后,公司门店恢复增长,2015~2017 年的利润增长率分别为 0.5%、0.5%、0.3%;门店带动销售,实现门店坪效的提升,门店辐射范围内实现线下配送,缩短配送距离,降低物流费用率;2017 年公司线上增速为 20%,占比 13%,广告费用率维持在 1.8%。

供应链:开始"店中店"的模式,与三星等电子制造商建立合作关系,缓解管理费用上的压力,物流费用率水平较低,敏感性测试结果低于亚马逊;产品门店发货,无专门建设仓储,配送为第三方配送,线上费用率基本由线下拉低,而线上又可以为线下引流,整体经营向好。目前拥有物流配送中心约 24 个,其中租赁与自有面积比例约为 2.48∶1。门店担当物流分销中心,配送时效性高于亚马逊。线下经营坪效提升，由 2014 年的 0.80 万美元/平方米提升至 2017 年的 1.02 万美元/平方米。

产品价格：灵活调整产品价格，与亚马逊产品价格类似，大部分产品价格低于亚马逊网上销售价格。

公司积极拓展线上销售以及调整线下，百思买主要做了三件事：第一，在店内既保证有竞争力的价格，又为消费者提供一站式的服务、咨询和体验；第二，通过更好地搜索服务、在线商品信息及导航，以及更快的物流配送进而提升消费者的网络体验；第三，通过线上和线下的整合，以"店配模式"抗击电商。

4.2.1 线下一站式服务体验

从实体店的角度看，百思买的思路是做"店中店"（Store‐within‐a‐store），也就是通过与三星、索尼和苹果等大品牌进行合作，将之引入百思买店中。同时增加对销售代表的培训，通过他们为消费者提供专业化的服务和咨询，进而形成差异化的体验。

这是其战略的一部分，按照百思买首席执行官 Hubert Joly 的观点，"我们希望通过技术来丰富消费者的生活，我们希望激发所有人的潜能，唤起每个人心中的那个'巨人'。这套战略的核心是在为消费者提供建议、服务和便利的同时提供极具竞争力的价格"。

当然，这只是第一步而已。在美国本土，手机类商品的销售额占百思买整体销售额的 48%：针对这类商品，百思买发现很多消费者除购买手机外，还需要和运营商办理相关业务。于是，在 2014 年第一季度，百思买引入了 Sprint 和 Verizon 两家运营商；而在第二季度，百思买又引入了 T‐Mobile，至此美国三大主流电信运营商已悉数入驻百思买，百思买也成为美国首个"集齐"三大运营商的零售商。

正由于这种一站式服务，消费者除了购机、购卡以外，更会在店内购买手机配饰，这类商品正是超高的毛利来源——百思买甚至和各类时尚设计师合作，推出了百思买的手机配饰自有品牌，进一步扩展了盈利点。

从数据上看，百思买每平方英尺的销售额从 2012 年的 781 美元提升到了 2014 年的 869 美元，这也从侧面体现了百思买实体店战略的成功。

此外，价格也成了百思买的一大利器：尤其是针对于高度标准化的电子产品更是如此。百思买的策略是无论线上还是线下都提供低价保障:当消费者在其他实体店或电商网站发现更低价格时,可以"举报"给百思买客服,一旦核实,百思买就会调整自己的价格。同时,消费者在百思买购物后的两周内,如果发现此商品价格下降,就可以直接来到实体店补回差价。通过这两个"低价策略",消费者就不必因为价格而转向其他竞争对手,甚至有效打击了形如亚马逊的电商企业。

正如传统超市通过低毛利商品吸引消费者到店,通过展示等手段诱导消费者购买高毛利商品,百思买这种专卖店也运用了这套理论,对百思买而言,高度标准化的手机就是"低毛利商品",而配套的服务、手机配件成为了"高毛利商品",而且相对于传统超市,百思买作为一个专卖店,更容易通过体验实现差异化,这也是其实体店"一站式服务"战略成功的重要保障。

4.2.2 重塑在线体验

百思买的在线销售额一直都在提升,其年报数据显示,2013 财年其在线销售额占总销售额的 7%,而 2015 财年,这个数据达到近 10%。

消费者通过网络了解商品信息、购买的频率越来越高了。"尽管店内客流量走低,但是店内的营销转化率以及线上客流量却有很大提升,我将之归功于我们的 Renew Blue 战略"。百思买 CEO Hubert Joly 表示。

从数据上看,2014 年第三季度,百思买在美国境内的电商销售额达到 6.01 亿美元,同比增长 21.6%。

百思买的线上体验首先来自于其会员项目"我的百思买"(My Best Buy),其口号就是"更多奖励,更多独家,更多移动体验"。对于其 5000 万名会员,百思买通过邮件和移动体验来重塑其线上体验。

一方面,百思买在购物季中对那些来购物的消费者发送感谢邮件,并在邮件中附赠一个移动端、PC 端的滑雪游戏和一个链接。通过这些,顾客不仅知道了自己目前的会员积分,更了解了会员免费配送服务,这就为后来的"店配"打下了基础;而且当顾客玩完游戏后,还可以将结果分享到社交网络上。

2014 年,百思买还引入了大数据系统"雅典娜项目",这个项目通过对消费者的购买记录、浏览记录来为消费者提供个性化的推荐。目前,这个项目主要针对于礼物赠送、重要活动(如婚礼)和刚刚搬家的顾客。"我们目前还处于初级阶段，我们还需要两三年的时间继续深入"。Hubert Joly 称。

另一方面，从移动端来看，百思买对用户界面进行了升级，在为消费者提供更多商品信息以供"研究"外，还提供实时的咨询服务，毕竟消费者需要的不仅仅是更快地下订单功能，而且无限流量的 3G、4G 网络也使得这一切变为可能。鉴于消费者通常使用多种设备登录网站，百思买不仅提供 PC 端的用户体验，更有移动端、App 端，顾客甚至可以通过短信来了解商品的特点和评价等信息。

此外，相关的更新还包括增强心愿单（Wish List）的功能和快速结算功能等。目前，顾客可以清晰地了解到商品的收货时间，而不是传统的"5~8 天"。

4.2.3 "店配"实现"O + O"

百思买的实体店战略和线上战略是高度相关的，事实上，百思买是在用线上来促进线下销售，并用线下来服务线上需求。毕竟其主要对手是沃尔玛、亚马逊、塔吉特和好市多这类顶级零售商，线上与线下的融合才是赢得竞争的核心手段。

消费者不喜欢等待，以亚马逊为首的纯电商企业通过金牌服务让顾客可以在最短 2 日内拿到商品，这对于实体配送是个巨大挑战，而百思买的应对策略就是将店铺作为配送中心，实现"店配"。2013 年，共有 400 余家百思买实体店铺成为"店配中心"，而在 2014 年底，这一数字已经达到 1400 余家，占其店铺总数的 97%。这套"店配模式"的核心思路在于，消费者在线下单后，可以在最近的店铺去取货，也可以等着附近的店铺直接配送到家。这套体系的效果很好，在线零售商店综合评价网站 Stella Service 的数据显示，百思买的平均配送时间由 5.3 天缩短到目前的 3.3 天，而亚马逊的 3.3~3.6 天已经是业内最为顶尖的效率了。

从企业的角度来说，这种店铺模式使百思买将线上线下的库存打通，每一个实体店都成为配送中心，都可以为网络订单配货，而不是在某个免税州设一个全公司的总配送中心。其数据显示，店配的销售额占整个在线销售额的一半以上。

百思买 CEO Hubert Joly 甚至表示，由于"店配"而解放出来的库存占到整个库存量的 2/3，而且百思买在线业务的提升中有 29% 是"店配"带来的。也就是说，店配既盘活了库存，降低了成本，又带来了新的业务。

这种"店配模式"正是一种线上与线下相融合的模式，目前美国的梅西百货、沃尔玛等顶级零售商都在采用这一模式，事实上这一切正是"一体化商业模式"的体现，而这正是全渠道策略的未来发展方向。

从百思买的策略可以看出,目前被视为成本中心的实体店其实是真正的收入中心:在这里,你可以为消费者提供最具体验的面对面、一对一服务,更可以通过核心商品的周边扩展带来更多毛利。

而当零售走入线上,你需要的不仅仅是一个可以展示、交易的平台,真正的核心竞争力来自于后台的物流、供应链系统,而这一切正是纯电商无法比拟的,也正是传统实体店最为擅长的。抓住实体店,传统零售商走入线上十分容易,也只有这样,传统零售商才可以在不断下滑的大环境中走出一条属于自己的道路。

4.3 短租——airbnb

4.3.1 基本信息

airbnb 成立于 2008 年 8 月,总部位于加利福尼亚州旧金山市。现在已经成为短租市场举足轻重的企业。也是现在短租市场最受追捧的商业模式。airbnb 是一个旅行房屋租赁社区,用户可通过网络或手机应用程序发布、搜索度假房屋租赁信息并完成在线预定程序。airbnb 用户遍布 192 个国家的 33000 多个城市,数百万用户。

图 4-4 airbnb 标识

4 国外全渠道零售模式的实践研究

国内海边度假地推荐
炎炎夏日，是时候去海边了
精选5大海边度假胜地，住进海边的家，看海景吃海味。

图 4–5　airbnb 夏季宣传

4.3.2　发展历程

airbnb 是联系旅游人士和家有空房出租的房主的服务型网站，它可以为用户提供各式各样的住宿信息，并从成交金额中提取 10% 的服务费作为公司主要的盈利来源。这种简单的商业模式在这 5 年中却迸发出了惊人的增长速度。

2008 年，airbnb 的两位创始人 Brian Chesky 和 Joe Gebbia，在旧金山因为 IDSA（美国工业设计师协会）会议期间为参会者提供短期住宿而萌生了创业想法，同年 8 月 airbnb 正式上线。2009 年，为了能给刚刚成立不久的 airbnb 带来租住房源，airbnb 团队开始关注房产中介这类用户。由于不同的需求，研发团队用六个月时间为他们开发了工具。但 Chesky 的体验让他们意识到房产中介的房子很像酒店，违背了 airbnb 从创立之初就加入社交元素，要能让顾客感受到，"不在家中，胜似家中"，要能够切实发挥出"从有血有肉的人那里租房"的理念。由于前期的盲目和急躁，让 airbnb 在 2009 年的增长相对缓慢。

2010 年，airbnb 完成了 7 倍速度的增长。被 Board of innovation 评定为美国 2010 年十大网站商业模式之一。2010 年 airbnb 完成 160 万晚的租赁。尤其在纽约来说，每天通过 airbnb 租赁的房数已经超越了曼哈顿最大的宾馆入住数。

2011 年，airbnb 的服务难以置信地增长了 800%。然而就在这一年，偶然的事件也为这种惊人的增长速度带来了危机。2011 年 7 月，一个恶质的租户把房东的家洗劫一空，房东向 airbnb 抗议，但 airbnb 却没有在第一时间正面回应，反而给了一些官僚式的答复。于是，房东开始向媒体、博客求救，结果闹成了一个公关事件。8 月 1 日晚，airbnb 终于跳出来"无条件道歉"并且提供给所有屋主"50000 美元损害保险"，事件才可以说告一段落。自从发生这起案件，airbnb 便牵手伦敦的劳埃德保险公司引入"房主保证"计划，保证房主可获得最高达 100 万美元的屋内主要财产险。进一步完善了 airbnb 的服务。

2012 年初，airbnb 上陈列的只有 12 万间房，在一年时间里，这个数量涨到 30 万间，并且这一年它们在巴黎、伦敦、新加坡等地新开了 11 个办公室。之前 airbnb 分享数据时常用间夜数做指标，而这回它分享了用户数，显示已有 400 万人在 airbnb 上订过房，单在 2012 年这一年就增加了 300 万客户。

2013 年，airbnb 在这一年的战略是放慢扩张、重组资源，为前几年的急速扩张做一个调整，同时也在全球进行招聘来稳定市场。而在 5 月，纽约也被曝出 airbnb 提供的短租服务违反了纽约市的私人房产出租法规违法的事情。

4.3.3 惊人服务

airbnb 能拥有今天在短租市场的重要地位，主要来自于企业本身完善的服务。airbnb 无论是对房主还是对租客提供的服务和保障都很完善。

（1）对房东的房屋保障计划。

airbnb 为房东制订的房屋保障计划特别的细致，对房源规定的物件提供高达 100 万美元的保险，使房东免遭由 airbnb 房客的偷窃或破坏行为造成的任何损失或损害。对当地个人出租政策不是很完善的国家，airbnb 出面为其去和政府部门商讨。

（2）对租客的权益保障条款。

为了保护租客的权益，airbnb 列出了房东应该满足的义务。例如，airbnb 平台上的房源应满足安全、可用、清洁方面的最低质量标准，且应与房东提供的描述一致等一系列条款。这是在安全上为房东和租客提供的完善的服务。

（3）airbnb 上的特色产品。

在可租用的房屋产品上，airbnb 可算是别具一格，它能满足大多数游客在租房领域的要求，也能创造特殊的、旅客无法享受到的体验。例如，租下整个村庄，你可以65000美元一晚租下奥地利的某个村庄；可以50000美元一晚租下德国某个产酒的村庄，还可以租下整个国家。当然，你租整个村子或国家不能将这个国家的所有居民都赶出去，可是通过airbnb与当地公司的合作，你能享受到独特的，仿佛就是为你一个人准备的国度。airbnb不仅仅是一个可以让旅客找到最好体验的平台，也可以成为一个让旅客体验到特殊服务的平台。

4.3.4 盈利模式

国内外短租市场的企业的商业模式不同，可能盈利点有些差别，但总体上还是相似的。在国外，德国的Wimdu主要以租客收取房租总额12%的服务费为主。美国的Airbnb的主要盈利模式是从房东与租客交易中抽取佣金，比例是交易额的10%。而HomeAway同时向房东和租客收费，广告费、第三方合作分成以及搜索结果排名作为收入。在中国，蚂蚁短租未来的盈利模式是以HomeAway为榜样。途家网是托管服务和交易佣金以及市场合作盈利。所以大多数的企业都主要以收取佣金为盈利点。

4.3.5 社交媒体营销策略

作为一个新兴市场的引领品牌，Airbnb在社交媒体上取得的成绩令人称赞。品牌的社会化媒体运营始终围绕着通过在社交媒体上发现、构建，以及讲述故事，将体验型旅行的魅力和价值以及社区归属感的品牌理念传递给旅行者这一主要策略，该策略实现了品牌教育市场、获得用户、扩大市场以及传递品牌价值的一系列目标。

（1）以真实的故事打动顾客。

为了打消顾客对于陌生房东的顾虑，品牌挖掘了房东个人和真实顾客体验的两种故事，而故事性的内容在社交媒体平台上本身就具备了良好的传播力和感染力，可谓是一箭双雕的做法，既抓住了顾客，又传播了品牌。因此对于品牌主来说，学会在社会化媒体上讲好故事是非常重要的，值得一提的是，这样的故事必须符合短小且有趣的传播特点。

案例1

在2014年初，airbnb通过在品牌官网呈现房东个人人生故事的方式——建立了一个个有血有肉的房东形象，进一步让房客消除对住在陌生人家中的顾虑感。

airbnb 的社区故事模块里陈列着 17 个来自世界各地的房东的故事，通过文字、图片和视频，用户可以感受到每一个房东所具有的不同于他人的魅力。

这也是 airbnb 短租平台想打造的差异化的内容之一，即房客不仅仅是租了一间房子，更重要的是房屋的主人——一个可以与他交流并分享当地文化的人，房客可以融入当地。该板块的特色还在于：故事性的内容会引起用户良好的阅读兴趣，网站上房东故事的平均阅读量在 2 万次左右。这些具有一定传播力的屋主故事最终为品牌打消了消费者的顾虑，取而代之的是一种对于房东的好感与好奇。这样一来，airbnb 的魅力除短租的房子外，又增加了一项——房东。

案例 2

而在打造用户故事方面，airbnb 也将主角由房东延续到了房客身上。2014 年 11 月，利用柏林墙被推翻 25 周年的纪念日，品牌推出了一支名为"Wall and Chain"的具有动画风格的广告片，以真实的用户故事为消费者讲述一个带有归属感的故事，该支视频在 You Tube 上的播放量达到了惊人的 579 万次。

在中国市场，airbnb 也延续了讲故事（Story - telling）的沟通策略。除将官方渠道所挖掘的房东故事译成中文版在官方网站长期展示外，品牌的微博平台也是其故事传播的主要阵地：官微在一年多的时间里积累了 80 万名的活跃粉丝，其中有一类重要的常开内容是关于美屋的话题，目前的阅读数超过 1 亿次，该话题主要是用来介绍房源的，但很多时候还会结合房东的背景、故事，来推广"住进当地人生活"的旅行方式。通过这样场景化的文字以及房东的故事加上美图，airbnb 的官微每天都吸引着几百人通过该平台来咨询，提升了品牌的商业转化。

（2）培育一批具有较大影响力的品牌拥护者。

让品牌拥护者协助品牌影响更多的消费者：品牌正在打破品牌拥护者与影响者的界限，让他们之间的交集变得越来越大：一方面，airbnb 帮助能生产出有价值的内容的品牌拥护者成为影响者，让品牌拥护者变得更有影响力；另一方面，在影响者的选择上，也很看重影响者与品牌和产品的相关性，侧重有潜力成为品牌用户和拥护者的个人。而这样一批有较大影响力的品牌拥护者称得上是品牌最有力的活广告，但值得注意的是，培养有较大影响力的品牌拥护者对于每一个品牌来说都是一项长期的、需要细节维护的工作。

而在个人号推荐方面，品牌的转发覆盖了作家、漫画家、有影响力的学者、

4 国外全渠道零售模式的实践研究

新浪名博、摄影师、插画家等各类不同的行业,并且,这些影响者本身也都是 Airbnb 的用户。除了在延伸行业广度之外,从品牌对于影响者选择的结果来看,影响者的影响力和内容产出能力都在 Airbnb 的考量范围内。品牌选择的大部分影响者都具有较高的影响力或是能生产出有价值的内容。

(3)鼓励用户成为品牌内容的创造者和分享者,让他们有更深刻的品牌归属感:对于任何一个品牌主来说,要持续地维持平台优质性的内容是非常困难的,而 Airbnb 则从一开始的产品环节就对用户抱有一颗开放的心,邀请用户与品牌共创。其实品牌主在内容的制作上实在无需时刻亲为,试着怀有一种开放的心态,无论是在前期的产品开发还是最后的宣传中,用户都可以成为品牌资产的一部分。

一是 Airbnb 心愿单,该活动鼓励用户建立自己喜爱的目的地并将它分享给其他用户,用户心愿单在官网以常开模式展示。

二是特定活动参与。如 Airbnb 在 2013 年中旬开展的一项活动也令人回味,品牌邀请它的用户使用 Vine 短视频应用协助品牌共同完成视频制作的活动:用户要做的就是在 Twitter 上关注 Airbnb 账户,然后使用 Vine 拍摄一段纸飞机的视频,Airbnb 会从中挑选合适片段组成一部电影,参加圣丹斯电影节,而用户也有机会获得 Airbnb 的优惠券;2014 年末,Airbnb 还发起了"少一个陌生人"的全球性活动,活动的方式非常简单,Airbnb 会为参与活动的每一个用户提供 10 美元现金,用户可以用这 10 美元为他想结识的陌生人做一件事,而后将自己的故事用图片、视频或文字表现出来,通过加上#one less stranger#标签分享即可。通过该项活动,Airbnb 已经将消除用户顾虑的解决方案延续到了实际的线下。

4.3.6 发展前景

短租市场在全球依托 Airbnb 完善的服务,基于几年积累起来的庞大的客户群体,为以后在渐渐扩大的短租市场平台打下了基础。然而 Airbnb 却要注意的是对政策法律方面的解读,因为 Airbnb 是一个全球性的服务平台,涉及的产品也处在世界各国法律的边缘,不同的国家对此项举措可能拥有不同的制度。就拿现在的美国来说,2013 年 5 月也被曝出 Airbnb 提供的短租服务违反了纽约市的私人房产出租法规的事情。所以 Airbnb 在以后的发展过程中不仅要做好体验、安全、服务、专注等一系列方面,也要加强政策法律方面的研究。只有在不违法的情况下,用一些附加的价值来提升产品的价值,满足人们的需求,才能得到长久的发展。

Airbnb 是一个快速增长 5 年的企业,虽然初见规模,但是还不是很成熟,而且发展空间很广,如果急于上市,就会像美国团购网站 Groupon 一样受到各种束缚和制约。所以 Airbnb 现在稳步的发展是关键,当市场成熟时,上市就指日可待。基于 Airbnb 的运营成果,国内短租市场最近两年也开始红火起来,然而 Airbnb 确实是值得短租企业学习的模范,但是可能会基于国情和市场认知度等问题,适当地改变其商业模式和盈利模式,现在在国内和 Airbnb 最相像的企业是小猪短租。随着市场被开发,短租平台会越来越受人重视,最终的盈利模式都会来自于对各种服务费的收取,包括平台服务费、第三方服务费等。当短租产品成为人们的认知产品时,生存下来的短租企业利润就会越来越丰厚。

4.4 星巴克

作为全渠道零售业的翘楚,星巴克利用客户端积分体系、短信推送以及引导社交媒体分享传播等方式增加顾客黏性。这家起源于美国西雅图的国际连锁咖啡品牌利用移动互联来做全渠道零售,主要措施如下:

图 4-6 星巴克标识

4.4.1 交互式移动端零售星巴克创造

据统计，消费者花在网上的时间，有60%是通过移动设备（手机、平板电脑等），这向每一位在做实体零售的商家展示了移动端的巨大潜力——因为它会很便利地展示实体店所在的位置。

星巴克通过研究消费者消费习惯，不断地使用营销策略来满足自己的消费者的需求，它早已对自己的顾客了如指掌。

早在几年前，星巴克开发了一款移动端应用，通过应用直接给用户优惠信息，就生成了与自己顾客互动的最有效渠道。这款移动客户端就应运而生，毫无悬念就叫 Starbucks（星巴克），它有着实体店定位、礼品卡信息和会员奖励机制等功能（见图4-7）。

图4-7 星巴克移动客户端

4.4.2 移动端会员积分奖励吸引消费者使用

星巴克很清楚地知道，和自己顾客最好的沟通交流方式就是不断地发放优惠信息、提供免费饮料和一些生日礼物。总的来说，因为消费者需要不停地使用客户端来查收积分，所以通过手机应用这个渠道能够增加用户黏性和互动性（见图4-8）。

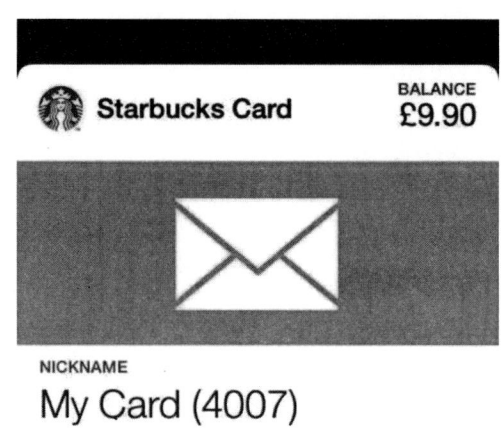

图4-8 星巴克移动端会员积分奖励

4.4.3 星巴克的移动支付技术

在英国、美国和加拿大等国家，星巴克利用手机完善了消费者的支付体验，用户可以在移动端应用上为自己的账户充值，等到去星巴克门店的时候，只要亮出手机上的支付条码，就能在2秒内完成付款，并且得到星享积分（见图4-9）。

星巴克创造和完善了交互式移动端零售体验，加快了支付速度，证明了自己深知顾客的需求和体验，换言之，在尝试发展移动端市场的时候，摆在第一位的就是顾客。

4 国外全渠道零售模式的实践研究

图 4-9 星巴克的移动支付

4.4.4 通过个性化优惠，增加星巴克顾客忠诚度

星巴克把用户忠诚度管理无缝地植入到了自己的移动应用当中，虽然这不是一个新的概念，但是通过植入移动端的积分奖励措施，还是成功地替代了传统的星享卡（注：中国大陆市场顾客仍无法享受此服务）。

在境外的部分国家，星享卡完全免费，而且星巴克还在移动端应用中提供数字星享卡。毫无疑问，星享卡的积分制度成功地提升了消费者的忠诚度和黏度，通过不断地进行星星奖励和对应阶段的优惠券发放，用户会时常跑到门店享受一杯免费的咖啡。

手机星享卡刺激了消费者不断地使用星巴克移动端应用，因为公司发现自家的消费者很习惯于不断地通过消费来获得免费的奖励。然而，星巴克除了能够不断地保持和用户的黏度外，还能从它的用户使用的手机应用来获得更多的数据。

众所周知，星巴克的奖励制度是用户累计消费一定数量，那么同时会获得相应的"星星数"，也会获得对应数目的优惠券和赠饮。虽然这个奖励制度可能不完全适用于其他行业的零售服务，但是利用移动端应用来激励顾客，在很大的程度上，消费者会对品牌有着更好的用户黏度和忠诚度。

另外，公司也会鼓励那些活跃于移动端的消费者做一些问卷调查，星巴克的

· 101 ·

"星星"会作为报酬发放到那些接受问卷调查账户上,这自然是一大独门秘籍,不少的用户会乐于参与这些调查,因为他们深知这些"星星"可以带来更多的优惠和免费的饮品。

4.4.5 用短信来吸引更多的顾客

对于不同行业的零售商来说,盲目地开发一款移动端的应用程序并不是最好的营销方法。但是,我们可以学习星巴克的其他移动端战略(见图4-10),如他们是如何占领短信营销市场的。

图4-10 星巴克的短信营销

在短信营销这个"大蛋糕"面前,星巴克却更着力于消费者本身和自己的品牌推广。每一条短信都会吸引到更多的顾客参与到星享积分的阵营当中去,整个概念和前文说到的用户忠诚度项目如出一辙。

短信推送其实和邮件群发的营销策略一致,但是有数据显示,短信推送的营销战术有着更高的点击量,往往短信被点开的几率高达90%。除短信极高的点击率优势外,星巴克采取短信推广的另一个重要原因则是为那些手机不能使用移动端应用的客户提供服务,以便于他们可以继续参与到忠诚度计划当中,赢得更多的奖励。

在短信内容方面,星巴克推送的短信往往关注于最新的产品和优惠,这样一来可以吸引那些顾客不断地访问他们的实体商店。

4.4.6 消费者主动在社交平台推广星巴克

除移动端的应用程序和短信外,外社交媒体是星巴克的另一大战场。

在英国伦敦市中心的星巴克,有一位个性鲜明的咖啡师,他的名字叫Lafitte。在闲暇之余,他会收集消费者喝完留下的纸杯并带回家中,然后在纸杯上画出精美的涂鸦并且附带上消费者的名字,当消费者有幸再回到店内的时候,Lafitte会亲手将这件艺术品交还给那位消费者(见图4-11)。

图4-11 星巴克的涂鸦杯子

消费者上传这些涂鸦杯子图，在整个社交网络疯狂传播，久而久之，光顾这家星巴克门店的消费者越来越多。

用户主动上传这些杯子到社交平台，成功地引起了品牌营销，似乎是星巴克和其他零售商在社交媒体战略上的不同之处。利用用户的主动性来传播品牌，会走得更远更广，因为星巴克懂的是消费者的心态。

4.5 国外全渠道零售的经验

随着消费者的消费习惯的变化，线上线下相结合的模式，逐渐受到人们的追捧，从以上国外实体百货企业的实施全渠道零售的实践，总结下来有如下做法促进了其全渠道零售的成功运行。

4.5.1 各渠道直接的融合性

市场研究机构 Insight Express 的数据显示，人们在购物时，会利用各种途径寻找更优惠的价格，因此实体店要以消费者为中心，利用所有的销售渠道，将消费者在各种不同渠道的购物体验无缝链接，同时将消费过程的愉悦性最大化，使得顾客可以同时利用一切的渠道，如实体店、目录、呼叫中心、互联网以及手机等，随时随地购物。

4.5.2 线上线下客户体验的一致性

虽然实体企业有自己的优势，做电商方面也可能会有一些经验，但是其实施全渠道的最佳路径就是进行各渠道之间的合作共享，利用资源优势互补达成融合升级，将风险降到最低。实现线上线下同款同价，线上购物线下取货，线下购物线上发货的全渠道零售。消费者同时享受线上线下最优质服务，满足其场景化体验，是全渠道零售模式运行的最大受益者，体现了全渠道零售"以服务消费者为核心"的原则。加上新兴的技术支撑和众多产业生态链资源的共享和重组，使客户在购买商品时能够不受时间、空间和形式的约束，自由而又轻松地愉悦体验整个消费的过程。

4.5.3 本地和社交媒体同步性

社交媒体是当今零售空间（在线和实体店）中最强大的影响力之一。消费者不仅寻求多种渠道购物，还重视产品调查和社交媒体平台上的反馈。例如，当客户访问Amazon.com时，他们不会购买只有一颗星的产品。社交媒体评论平台对品牌忠诚度产生巨大影响，糟糕/差劲的反馈可能会对零售商产生长期的负面影响。精心策划的全渠道体验策略必将整合社交媒体和电子商务，以确保零售成功。

通过与社交媒体平台集成，增强了店内体验。零售商使用屏幕或墙壁来传递实时社交媒体供稿或评论，包括图片、推文和视频，推动客户参与。更衣室里有显示器，让客户从他们打算购买的产品的社交媒体平台获得实时产品评论。此类集成还将帮助商店员工监控店内社交评论并实时响应。

4.5.4 个性化营销

随着技术的发展，实体零售店收集消费者偏好信息的能力大大提高，通过手机、传感器、摄像头等数据收集终端收集的海量数据被传输、清洗和储存，利用大数据分析技术能够清楚地描绘出每一个消费者的行为偏好，从而了解消费者的需求，为消费者量身定制提供个性化的产品。在现代消费者越来越注重消费感受的情况下，营造适当的消费场景向消费者传递与众不同的消费价值已经变得越来越重要，零售商需要确保他们提供客户感兴趣的产品信息，而不是零售商想要推销的产品。

4.5.5 店内营销技术的应用

当今社会物质供应极大丰富，网购方式普及，实体店的价值需要被重新定义，凸显时代发展、技术进步、带动消费环境不断变革、信息的获取更加便捷，并且可以自己发布信息。国外许多实体店使用了电子标价签、室内定位及营销、智能搜索、智能试衣间、虚拟商品墙、自助支付等室内营销技术，做到和每个客户建立一对一的直接联系，提供"能打动内心的场所与消费价值"。

5　国内全渠道零售模式的实践研究

随着电子商务、移动终端和社交媒体的大力发展，国内许多零售企业都意识到需要开拓线上渠道以吸引消费者。然而，对于传统零售企业而言，如何同时开拓多个线上线下渠道实现全渠道零售战略，并传递给消费者无缝对接的客户体验是巨大的挑战。本书通过对银泰百货、王府井百货等国内典型案例的研究，运用单案例分析法探索多渠道间合作关系，总结出我国实体百货业在实施全渠道战略过程中的经验及教训，以促进其在今后有更好的发展。

5.1　银泰百货

银泰百货是中国银泰集团旗下以百货零售业为主营业务的大型百货连锁集团。集团成立于1998年，集团CEO为陈晓东。银泰商业集团作为一家外资企业，在全国城市布局中以一、二线城市为主，市场定位银泰百货、银泰购物中心和银泰网三大业态品牌，主要业务情况如表5-1所示。

表5-1　银泰商业集团产业链

银泰商业集团产业链	百货	银泰百货	银泰百货成立于1998年，以实现连锁经营为目标，以"传递新的生活美学"为理念，以年轻人和新型家庭为主要客群，树立引领流行、年轻活力、时尚品位的百货形象，积极为顾客创造高附加值，发展成全国一流的连锁百货集团之一。实现全国连锁，门店遍布北京、武汉、西安、杭州、宁波、温州、金华、义乌等城市的商业中心。在浙江形成明显区域优势，已成为浙江省内最大的百货连锁企业。2012年银泰百货集团自营与管理门店总销售额163亿元，资产规模逾210亿元

续表

银泰商业集团产业链	购物中心	银泰中心	围绕顶级奢华酒店、精品公寓 5A 级办公楼和高档住宅的高端城市综合体,位于一线城市与经济发达的省会城市的核心商圈,集奢侈品零售、大型购物中心、超五星级酒店、超甲级写字楼以及世界一流品质公寓一体,汇集国际知名奢侈品牌
		银泰城	定位中高端,位于一、二线城市副中心或三线城市的核心商圈,汇集时尚生活品牌、星级酒店、写字楼、精品住宅、高端娱乐等打造的多业态大型城市商业生活综合体
	电子商务	银泰网	银泰整合旗下实体商城,数百个品牌重资打造的大型时尚 BSC 电子商务平台,以时尚新品为主,涵盖国内外中国高端数百个主流品牌,提供流行、时尚、休闲等多类型高品质商品。同时建立了包括时尚品牌零售商、时尚消费者、时尚造型师、时尚买手及时尚媒体人的网络大家庭,致力于打造国内第一个中高端品牌消费平台

在百货市场持续萎缩的今天,电子商务的冲击让传统百货的转型显得尤为重要。对拥有大量线下百货门店的银泰来说,线上线下的 O2O 融合将对银泰自身的销售以及服务带来巨大的提升空间。

银泰商业集团最早在 2009 年开始涉足 O2O 领域,2010 年银泰网作为银泰商业集团 O2O 业务的拓展正式上线,其主要是专注于精品时尚百货的 O2O 平台,定位中高端品牌的消费。

作为中国零售业的一支重要生力军,银泰的历史虽然不是最悠久的,业绩也不是最抢眼的,但在实体零售的全渠道营销尝试上,它走在行业的前列。对于实体百货零售行业来说,银泰最大的贡献与价值点在于其针对零售环境变化,以及当前中国正在进入以"80 后""90 后"为主导的中产消费时代,所采取的各种积极尝试及变革措施。

2014 年 3 月 31 日,银泰商业公告称,阿里集团将以 53.7 亿港元对银泰商业进行战略投资,双方将打通线上线下的未来商业基础设施体系,并将组建合资公司,此次合作给银泰带来的最大变化是经营方向与思维模式的转型:一方面,由重资产模式逐步转为轻资产模式;另一方面,鼓励业务创新,企业创业气氛变得浓厚,银泰集团已经把全渠道营销作为企业经营的核心战略来对待。

5.1.1 银泰集团的使命与定位创新

2015年,银泰集团共经营和管理46家门店,包括29家百货店和17家购物中心,总建筑面积约为290万平方米。作为浙商零售业的代表,它的体量与地位,与中国发展的知名商业集团华润系、万达系、大悦城系、恒隆系,同属于"第一集团军"。它的定位正从一家"传递生活美学"的零售商,向全面"成为国内第一家以大数据驱动的消费解决方案提供商"转变,明确提出了要把自己打造成"数字化、全渠道化、平台化、娱乐化"的零售集团,成为以大数据驱动的消费解决方案提供商。

具体来看,银泰通过推行喵街、喵客、喵货、西选、意选、货集、In Junior七个创新项目,积极改变集团零售业务组合。此外,公司还积极应用大数据,对公司组织管理体系的模式进行改造,实质性提升公司的管理水平,将公司带入了"新银泰互联网+"的时代。

5.1.2 银泰集团的全渠道零售战略

银泰商业集团最初通过银泰网(见图5-1)、银泰天猫旗舰店(见图5-2)和银泰京东旗舰店三个平台拓展O2O业务,打造一个"24小时银泰"的全渠道战略,线上的三个平台与线下的门店进行融合,打通线上线下的商品、营销、服

图5-1 银泰集团官网页面

图 5-2 银泰天猫旗舰店页面

务、体验、会员。银泰网的商品采取自营、自采、自销的模式,对所有的货物统一进行管理,自建库房。除银泰网在线平台和天猫银泰网店外,另外还推出喵街、喵客、喵货、西选、意选等多项 O2O 应用业务。

(1)线上平台。

银泰网是专注于精品时尚百货经营的大型 B2C 电子商务平台,由国内领先百货连锁集团、香港联交所上市公司银泰百货投资控股。银泰网怀着"为 13 亿中国人传递新的生活美学"的美好祈愿,把"为用户提供超出想象的满意服务,传播优质品牌影响力"作为使命,致力于让中国时尚消费人群,专享最时尚、最品牌、最品质、最价格的生活品质与潮流购物体验,成为中国最卓越的精品时尚百货购物平台。

银泰百货精品天猫旗舰店是由浙江银泰电子商务有限公司北京分公司开设经营,所有销售的产品均为公司原装正品,一直都以最优质、最齐全的商品系列,最实惠的价格,最强大的售后,占领着市场。享受与公司线下渠道完全相同的售后服务,为顾客提供方便快捷的购物方式和价廉物美的产品是本店一如既往的追求;天猫商城代表的是时尚、性感、潮流和品质;猫天生挑剔,挑剔品质,挑剔品牌,挑剔环境,这恰好符合天猫网购要全力打造的"品质之城"的定义。迄今为止,天猫已经拥有 4 亿多买家,5 万多家商户,7 万多个品牌;多种新型网络营销模式正在不断被开创。

（2）多项应用业务。

1）喵街。

喵街App是银泰与阿里巴巴集团合作打造的新一代消费者逛街"神器"，通过向商场、商圈和商户提供互联网商业解决方案，为消费者创造新的生活方式。喵街能够基于用户当前地理位置，提供商场及商户吃喝玩购信息查询、室内导航找店、停车找车缴费、餐厅在线排队、电影购票选座等智慧逛街服务，同时提供在线交易及场景社交服务。

喵街能够基于用户当前位置，汇集周边商场及其品牌门店优惠打折和新品信息，提供吃喝玩乐购一站式服务。主要的功能包括以下几方面：

智慧逛街：通过喵街室内地图、停车找车、找店、停车缴费、领号排队、电影选座等功能，实现室内导航、在线排队、手机缴停车费，增强消费者线下购物体验。

卡路里：卡路里是喵街App的特色功能，它可以记录逛街行走时所消耗的热量。用户可以将每天逛街消耗的热量兑换成喵街元宝，元宝可兑换各大商场的礼品，边逛街边赚钱。

即时优惠：即时优惠是喵街App特色优惠频道，汇集每个商场当下最优惠的餐饮类商品。用户可直接线上下单购买，到门店享受相应服务。

喵步：喵步是喵街App内基于商场场景的互动分享社区。用户可以在喵步刷到商场当下的各种新鲜事。

喵喵：喵喵是实体店客服的IM（即时聊天）工具，当看到感兴趣的商品或折扣时，可以通过喵喵找到店长进行沟通，同时喵喵也是逛街好友间的交流工具。

2）喵货。

喵货是银泰网旗下的业务板块，主要经营银泰百货的专柜商品，但其货品与银泰网的重叠度很低。目前喵货已有260个品牌上线，一年累积SKU数量达到64万个，实时在线的SKU数量超过10万个，整体销售额已超过6500万元。由于大多数品牌都是经武林店上线的，所以武林店的销售额预计占到喵货的90%。其中，喵货约有80%是增量的销售，有20%的订单来自浙江省以外，另有20%的订单是消费者到店体验过后，在网上下单的。

喵货的配送方面,是优先从厂家直接发货,其次是就近门店发货,尽量不影响门店库存。

3)喵客。

喵客——银泰旗下的微信销售平台,其本质是销售员的社交零售载体。喵客由实体店内员工进行管理,与客户一对一进行交流,百货店里的销售人员可利用喵客有针对性地为客户推荐产品。喵客从2013年开始运营,2014年60%的导购员开设了微店,2015年喵客销售订单数从年初的4878个增长至23743个,销售额从359万元增加到2428万元,增长率达576.3%。

喵客重点打造"人人是导购"的观念,鼓励不同柜台之间的交叉销售,如女装柜台的营业员在喵客卖女装的时候,还可以推荐顾客搭配购买女鞋,公司将给予一定的销售提成。

4)启动商品云战略,推动真正意义上的单品管理。

商品云就是全面建立商品数据库,由招商部去接洽各大供应商,将货品对接至银泰商业的系统,从而实现商品数字化。首先,可以看到库存情况、方便调货;其次,可以分析不同货品销售情况,长远来看有助于银泰商业的商品经营能力和品类管理能力。

真正意义上的单品管理是2014年开始在武林店做的,要求所有柜台开电子票,前提便是所有商品数据都要输入到系统里。解决了两个问题,一是手工可能存在开票出错的问题,二是95%的柜台实现自收营,减轻收银压力。2018年上半年,系统进一步升级,除现金柜台不收之外,包括满减、满送等促销活动都可以通过自收营系统操作,购物体验明显提升。

商品云具有战略意义,是基于传统百货商品经营能力弱的痛点做出的革新。控股股东阿里巴巴掌握着在线零售大数据,商品云旨在掌握的是实体零售大数据,值得期待。

从上述这些点我们发现,银泰的线上策略已经从简单的线上整体开店,拓展到了全员销售和百货单品管理环节等的全部线上平台的打造。

5.1.3 顺应市场形势,建立新的经营品类

实体商业的品类战略是当前商业经营的核心内容。传统零售的没落究其原因是其原有的线下品类被线上所替代。如果在实体店经营上能选中高增长的细分品

类进行单点突破,并结合互联网做到线上线下同步导流,那么品类战略就会成为转型增长的突破口。银泰正在布局的几个新兴品类如表 5-2 所示。

表 5-2 银泰的新兴品类增长情况　　　　　单位:%

品类	同比增长	销售占比
女装	7.60	25.40
珠宝饰品	0.10	21.10
男装	-0.90	14.40
化妆品	12.30	8.90
皮具	-1.80	8.90
运动	20.70	6.50
童装	7.40	4.60
名品	1.80	3.80
家用	-7.40	3.40
其他	-0.10	2.90

(1) 西选——布局跨境电商精品超市。

西选是银泰旗下的跨境精品超市,由银泰和杭州跨境电商商务产业园联手打造,其核心理念是银泰对海外商品的初选和银泰的背书。

2015 年 6 月,银泰第一家跨境电商精品超市"Choice 西选"在杭州武林店正式开业。面积约为 1200 平方米,主要销售以母婴、食品、保健品、美妆等生活用品为主,更有进口生鲜、水果等。西选位于银泰百货武林总店的 C 馆地下室。西选的定位是精品超市,90% 以上的商品为进口商品,其中 70% 为完税进口产品,30% 为海外跨境进口商品现场提货。SKU 数量超过 1 万。门店内部设有一块面积约百平方米的跨境电商体验区,顾客可以扫描二维码完成线上购买,商品以保税直邮的模式送到顾客手中。西选主要涵盖了进口食品、美妆、母婴和生活杂品,共超过 18000 个 SKU。其中美妆品类是国内精品超市里最齐全的;儿童玩具则专注于进口高端系列,与其他百货和专业店有明显的错位。西选不仅具备了精品超市的品质和创意市集的气质,还全方位打造海派生活方式体验,营造顾客购买欲望的场景感。

这些通过保税或直邮进口的商品价格比一般进口商品超市便宜 20%~50%,

完税商品中的母婴类商品基本在目前同类实体店中最具价格优势。未来西选的门店将是 1000 平方米以上的大店，主要是因为单一品类的小店耗费的精力和大店一样，但是营业额远不及大店。尽管坪效也不错，但是对于城市的影响力不够，因而这两年会着重做大店，做出精品超市的印象。

（2）集货——泛渠道选手店。

"集货"是银泰旗下的泛渠道选手店，首家实体店 2015 年"双十一"开业。截止到 2015 年底，"集货"店的总经营面积效益达 320 万元，平均月坪效达4323 元。

集货作为公司全渠道买手品牌，业务逻辑为重整供应链。集货中有 1/4 的货品来自新锐设计师原创品牌，并实现从设计师到门店销售零中间商环节，其余货品精选于各知名淘品牌里销量、好评度最高的爆款，实现淘宝品牌线下试衣体验，并全年与网络同价，店内的自主收银机以及魔法试衣镜也大大提升了客户体验。

从目前掌握的经营数据来看，银泰武林店的集货的坪效与之前的特卖差不多，但是毛利率 37% 远高于特卖的 15%。

（3）意选。

银泰跨境 B2B2C 电商"意选"专注为消费者打造时尚轻奢的生活方式，以非标品为主，主要货源地是意大利和法国。2015 年 GMV 达 2.8 亿元，2016 年公司力争在意选上实现 7 亿元销售收入。

意选为非标品和生活方式的供应链，主要经营意大利和法国的品牌，销售端口有网上天猫店及线下实体店。2015 年"双十一"期间进行了全渠道销售，当日销售额达 5111 万元，同比增长 63%。其后，意选团队加入了合伙人计划，推出了西有项目，西有的商业模式可与海外奢侈品精品店直接合作，实现数据共享，以最快的速度将当季新品信息以推送信息流的方式传输到客户手里，顾客可从海外精品店里直接购买心仪产品，实现公司零库存销售。意选 2015 年实现收入 2.8 亿元的目标。

（4）InJunior——潮童集合柜。

InJunior 是银泰 2014 年为淘品牌落地打造的实体店。2015 年品牌首家潮童集合柜成功开业，并在年内成功扩张了 4 家门店。截止到 2015 年底，InJunior 的总经营面积达 968 平方米，总销售额约 1900 万元，平均月坪效为 3176 元。

此外，银泰与阿里巴巴联姻后，约 46 个在线淘品牌放在了银泰的实体店内出售。目前，也有约 580 个银泰线下品牌在线上销售。

上述精品超市、跨境电商、选手店和母婴集合店四种新型业态的店铺类自营模式，都为银泰带来了品类上的积极的变化。银泰正在发展独立的运营体系去做这些创新的业态实践。

5.1.4 携手支付宝，打造线下支付体验

2013 年 11 月，银泰商业集团与支付宝达成战略合作，顾客可以在线下百货门店接受"当面付"服务。同时实体店还设置有触摸屏，消费者可以线下体验，线上购买，同时可以在银泰网上查询订单和线上下单线下提取货物等服务。

5.1.5 大数据推动，构建会员体系

银泰百货经过数十年的线下积累，已经拥有了 200 多万名 VIP 会员。2012 年 10 月，银泰百货针对高端会员推出了 VVIP 俱乐部；2013 年 5 月推出社交网络"银泰闺蜜圈"，3 人以上的银泰 VIP 会员组群能享受更多积分与活动优惠，分享购物快乐。2013 年 6 月 29 日年中庆，银泰就通过和浙江电视台的直播合作，全省 22 家门店销售额同比上升 223%，两天共实现销售收入 2.8 亿元。2015 年 5 月 20 日，银泰商业集团设立"520 会员日"，当日以会员为主的促销活动销售额突破亿元。

将门店商品数字化，逐步抓取用户数据，包括进店用户数据和 VIP 用户数据，打通线下实体店和线上的 VIP 账号。2013 年底，银泰在所有实体店完成免费 Wi-Fi 铺设，当一位已注册账号的顾客进入实体店，手机连接上 Wi-Fi，顾客过往与银泰的所有互动记录、喜好便会在后台呈现。通过对实体店顾客的电子小票、行走路线、停留区域的分析，来判别顾客的购物喜好，分析购物行为、购物频率和品类搭配的一些习惯，并可随时根据客流量增减无线 POS 终端和无线 PC 终端，改善顾客购物体验。

任何一个产业的变革都会引起行业阵痛，银泰的全渠道转型无论是线上的平台建设，还是线下门店的渠道拓展，伴随会员体系的完善和创新都在积极地提升消费者的体验。传统百货的转型，全渠道或许不是终点，但消费者的购物体验却紧握着传统百货的生死命脉。

5 国内全渠道零售模式的实践研究

银泰大数据战略：

（1）2013年，银泰百货全国门店的Wi-Fi网络将铺设完毕，顾客进店可以免费登录使用Wi-Fi。

（2）打通线上线下，开启O2O，顾客通过手机端参与产品折扣活动，再到实体店提货的购物模式。

（3）宣布与天猫O2O战略合作，未来双方还将在系统层面、库存、会员、服务流程等方面深入合作。

未来大数据期许：

（1）银泰在百货门店和购物中心铺设免费Wi-Fi，逐步抓取用户数据，包括进店用户数据和VIP用户数据，利用银泰网，打通了线下实体店和线上的VIP账号。当一位已注册账号的客人进入实体店，他的手机连接上Wi-Fi，后台就能认出来，他过去与银泰的所有互动记录、喜好便会在后台一一呈现。通过对实体店顾客的电子小票、行走路线、停留区域的分析，来判别消费者的购物喜好，分析购物行为、购物频率和品类搭配的一些习惯。

（2）银泰网甚至可以累积不同用户对品牌和折扣喜爱程度的数据，依托成熟门店的相关数据，再根据新开门店所在城市的用户分析，导出新开门店组货和招商的指导意见。

5.2　苏宁电器

苏宁电器于1990年创建于江苏南京，以家用电器、办公设备为主要经营项目，是中国家电连锁零售行业的领先者。经过近30年的发展，现已成为中国最大的商业企业集团，连锁企业遍布全国24个省份，入选《福布斯》全球2000强企业中国零售企业第一。

随着电子商务发展，苏宁电器开发了B2C网上交易平台"苏宁易购"，以"正品行货、品质服务"为口号，经营商品涵盖传统家电、电子、百货、图书等综合品类，线下实体门店1600多家，线上线下的融合发展引领零售发展新趋势。其主要发展历程如下：

2011年,苏宁易购强化虚拟网络与实体店面的同步发展,不断提升网络市场份额。

2015年8月17日,苏宁易购正式入驻天猫。

2017年11月,苏宁官方正式宣布,成立苏宁易购汽车公司。

2018年1月14日,苏宁云商发布公告,拟计划将"苏宁易购"这一苏宁智慧零售的渠道品牌名称升级为公司名称,对公司中文名称、英文名称、证券简称等拟进行变更。

2018年7月,苏宁易购在"2018年《财富》世界500强"中排行第427位。

未来,苏宁易购将依托强大的物流、售后服务及信息化支持,继续保持快速的发展步伐;到2020年,苏宁易购计划实现3000亿元的销售规模,成为中国领先的B2C平台之一。如此快速、稳步地发展主要得益于苏宁全渠道布局策略。

5.2.1 大数据和算法的应用

2017年的"双十一"O2O购物节,7秒销售破亿动态数据由鹰眼抓取提供;千里传音通过大数据模型精准地筛选出有需求的用户,通过外呼达到对用户进行营销内容传达和用户关怀,双线转化15.4亿元,线下转化4.3亿元,同比增长83%。

智能客服Sunny,使用深度学习技术,综合用户会话的上下文语境及物理情境,解决用户表达多样性及用户意图发散性的问题,问答准确率达95%以上,在O2O购物节期间累计接待消费者数154万人,累计回答用户提问690万次,相当于9000名客服连续工作24小时;智能导购苏小语小流量试运行期间成交金额100万元,询单转化率达到8%。

基于大数据和算法的支撑,AGV智能机器人(见图5-3)能够高效移动货架或包裹到指定位置,取代人力搬运工作,能够大幅提高作业人员单位效率及节约人力成本,在上海投入运行的AGV机器人,拣选区库容30万件,上架效率提高到原来的460%,拣选效率提高到原来的280%。

O2O购物节期间产生的每一张订单、每一个包裹都由速递魔方进行全流程的作业跟踪,每天对物流产生的34.5亿条数据进行实时计算,用人工智能预测47个仓库、386个分拨中心、10000多个物流网点的各环节的作业量,识别配送中的风险,并运用运筹学对资源进行动态的调度和优化。

5 国内全渠道零售模式的实践研究

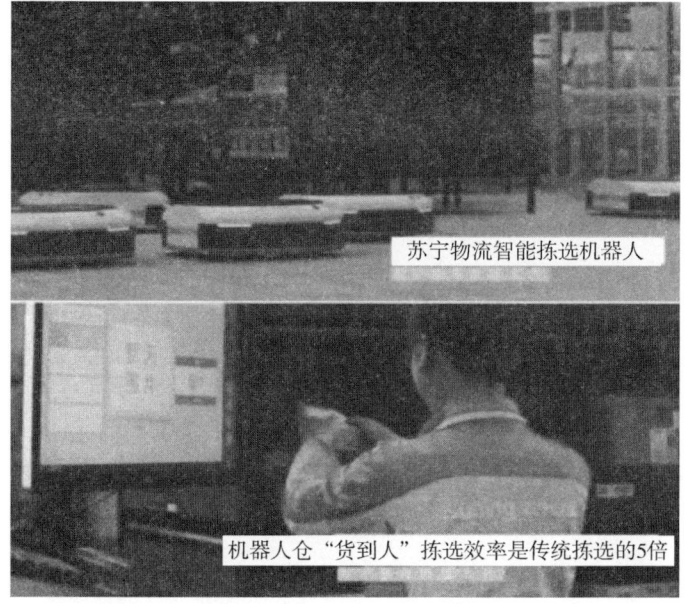

图 5-3 苏宁 AGV 智能机器人

5.2.2 全面开放的共享数据

面向品牌商户、供应商户的精准拉新导流工具靶心,苏宁利用强大的模型算法技术能力,实现品牌商户可以一键锁定营销客群,确定营销预算、营销排期、营销策略。

数据易道系统面向苏宁全渠道多平台的合作伙伴,提供各类数据分析工具及大数据挖掘价值共享,为实现双方的合作共赢提供大数据的决策支撑。有实时看板、经营分析、DIY 报表、竞争分析等功能。

基于图像技术的线下门店智能分析系统北斗系统(见图 5-4),提供包括客流统计、VIP 识别、客户属性分析、轨迹分析、商品互动分析等计算资源,赋能线下。"店+"系统对用户提供实时及历史销售数据,包括销售额、客单价、退货等门店经营相关数据,促进门店实施数据化管理经营。"双十一"期间,全国上线北斗系统的门店中,客流统计量同比增长 47%,整体完成销售转化数十亿元。

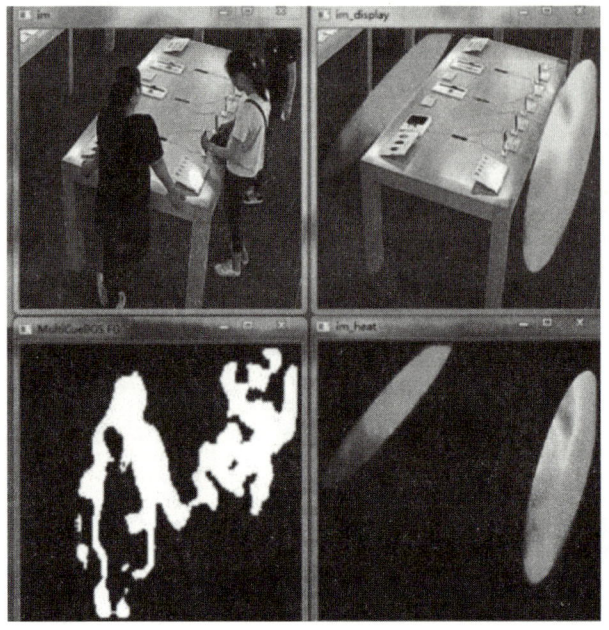

图 5-4　线下门店智能分析系统北斗系统

5.2.3 全程"智能化"管理

"双十一"期间,在北京、上海、重庆、徐州苏宁体育 Biu 四店齐开,消费者通过面部识别进行"绑脸",即可"刷脸"进入店内,购买商品后,无需排队付款,直接通过付款闸道,系统会自动识别用户身份,并实现扣款,整个付款环节仅需 1 秒就能完成,做到了全程"智能化"。

而另一位小 Biu 的表现则更为出色,"双十一"首单由苏宁机器人小 Biu (见图 5-5)完成,仅用时 13 分钟。通过智能技术,小 Biu 可以轻松辨认道路,绕过障碍,避让行人。除拥有超长的续航能力和优秀的语音互动功能外,还能快速创建地图,选择方便快捷的运送路径,多楼层之间无障碍送达。

如今,AR 场景运用已经越来越广泛,2018 年"双十一"苏宁易购推出的 AR 捉萌狮游戏,在全国 1600 家门店全面启动,吸引了 800 万名玩家参与,共捉到 5 亿只"狮子","10000+"个幸运儿赢得 1111 元大奖,10+万个用户获得 111 元大奖。

2018年的"双十一",苏宁技术提供了坚实可靠、灵活高效的 IT 基础设施,不断提升智能产品,更好地赋能品牌商户和合作伙伴,在人工智能和新玩法上的探索大大加速。

图 5-5　苏宁机器人小 Biu

5.2.4　加快门店业态的调整

2018 年 5 月零售云门店数量突破 400 家,公司加快三、四线市场渠道下沉,借助家电品类的零售渠道品牌以及供应链能力,赋能三、四级加盟商;在线下渠道费用率更具备比较优势的情况下,选择线下经营能力优质的零售企业。苏宁易购零售云平台业务针对三、四线城市县镇低线市场,存量巨大;零售云平台结合苏宁全渠道,制订全品类产品零售解决方案,或将在三、四线市场再造一个苏宁易购。

零售云商业模式为县镇加盟店,门店规格 150~500 平方米,品类聚焦手机、家电等,目标市场一镇一店、一商圈一店;不同于其他加盟门店,苏宁易购零售云门店对终端强管控,输出零售品牌以及供应链能力,平台业务对苏宁生态的价值包括渠道下沉、品牌渗透、流量互补、GMV 贡献、物流金融增值,盈利模式为服务佣金和增值收入,提升消费者体验以及供应链效率,实现零售云平台、商户以及消费者三方共赢。草根调研显示,目前优质的门店销售手机毛利率为 8%,家电毛利率为 15%~16%,平均净利率约 4%~6%。苏宁易购通过海量

SKU 扩充、零售运营赋能、仓配装共享、品牌和营销资源共享、数字化工具共享五大优势赋能，帮扶传统零售店转型。

5.2.5 提升苏宁易购服务站的盈利能力

针对农村市场，2018 年苏宁在三级市场包括一些乡镇市场开店、建服务站，服务站更多的是苏宁的物流、售后的布局，在乡镇这一级形成一定的规模效益。苏宁自营服务站是针对农村市场开出的灵活性强、便捷度高、服务范围广的一类门店。店内既有实体商品出样，又重点打造二维码、平板电脑、视频演示的虚拟出样，目的在于进一步培养三、四级市场消费者的网购习惯。所有苏宁易购服务站都将植入苏宁超市的虚拟货架。对于当地农村用户而言，苏宁易购服务站是一个本地化的社交平台和品牌保障所在地，用户出了问题可以直接找当地的服务站解决。

苏宁易购服务站是公司在三、四级市场实践 O2O 零售模式的平台，经营效益逐步显现。在易购服务站方面，整体来看服务门店具备较好的激励措施，线下服务整体是盈利的，门店线上占比约为 50%～60%，全渠道坪效远高于周围相同电器店铺，苏宁服务站相较于夫妻店和专业店的主要竞争优势在 SKU 数量、品牌以及后续服务，整体增长态势较好。苏宁服务站主要集中在三、四线城市及农村市场，总体来看，市场竞争压力较小，且线上品牌形象在下沉的渠道中能够获得良好的效应，2018 年苏宁直营服务站数量已达到 3500 家左右。

5.3 我国全渠道零售存在的问题

目前，我国传统零售业转型只是处在概念阶段，线上线下业务融合的服务能力有待提升，网络业务平台及设施急需完备，这说明大部分传统零售企业的"全渠道"模式仍然处在探索或实验阶段，原因在于：

5.3.1 运营方式的核心是"营销活动"而非真正的"消费者体验"

目前，国内传统零售业的全渠道模式仍然是围绕"营销活动"而展开，商场的运营核心是通过向顾客推送商场最近优惠活动,附送优惠券或者电子券,以此来改变消费者购物路径,吸引消费者购物。而在梅西百货购物,消费者会自然而然地采用实体店里提供的技术手段,根据 App 等提供的信息进行消费体验,在体验中消费,因此梅西百货的运营核心是提升消费者体验感。

5.3.2 线上线下的信息混乱、利益冲突

传统零售业与商品商家一般采用"联营制",造成实体店对其网上店铺的商品价格和种类的控制权有限,网上店铺的价格缺乏竞争力,消费者则更愿意光顾那些价格更优惠的专业电商网站。因此,传统零售实体店在向"全渠道"转型过程中要注意各渠道间的冲突问题,以免造成渠道间的利益不均,给企业带来不必要的损失。另外,传统零售业线上线下业务,还在门店管理、采购、物流配送方面也面临着同样的冲突问题及不必要的信息混乱,最终破坏客户的消费体验,难以保持顾客对门店的忠诚度。

5.3.3 后台系统支持不足

只有在企业内部的技术基础良好、信息化程度相对成熟或者完备的基础上,零售业的全渠道建设才能得以较好的实施。目前,全渠道建设最必要的技术层面条件都不存在或者不完善,基本信息化建设不到位、技术薄弱是我国传统零售企业在向"全渠道"模式转化过程中面临的主要问题,因此,虽然大多数传统实体店建立了网络渠道,但只是将网络渠道划归为销售渠道之一,并没有与线下实体店很好地整合优化,从而真正运用"全渠道"模式。

5.3.4 渠道商的利益冲突

传统零售业在应用全渠道模式过程中,几乎都会遇到物流、供应链、产品制造流程、信息技术平台、数据营销等许多资源的整合问题,其中关键的是如何处理好各渠道之间的冲突,平衡好它们之间的利益,在处理实体店和网店之间的渠道关系时,一些零售业容易犯的错误就是以线下实体店为主,以电子商务渠道和移动端渠道作为相应的补充,这样造成的结果是不能很好地对实体渠道、电子商务渠道和移动电子商务渠道进行整合,不能在各个渠道都给顾客提供无差别的购物体验。

6 中小型实体百货店全渠道零售转型的基本思路

在目前国内电子商务环境不断发展、完善的条件下,零售全渠道实际上是在企业发展战略、经营模式、营销策划、产品设计、供应链等企业经营活动的各个环节进行整合,使零售企业各渠道间能达到高度协同,以便为消费者提供无缝购物体验。向全渠道零售迭代不只是做个网站或者做个App那么简单,一定要围绕用户、商品和场景,通过数据服务实现线上线下的融会贯通,移动支付、场景互联、社交服务将成为全渠道转型的三大方向。

6.1 "以用户为中心"的用户思维成为核心

互联网时代,信息的特点是开放、透明、共享,消除了信息不对称,使用户掌握更多的产品、价格、品牌等方面的信息,他们是产品或服务的最终使用者,在选择商品时,一般都会查询其他用户的用后评价,以此来帮助自己做出决策,这时信息共享的优势就体现出来了。移动互联网时代消费者行为的最大特点是SoLoMoPe,即社交化、本地化、移动化、个性化,互联网更要发挥其社交商圈的渠道和媒介作用,把商圈中成千上万的个性化用户的想法通过社交平台表达出来,产品的设计、品牌的推广都要以用户的需求为中心,选择合适的渠道、媒介与这些用户进行沟通、交流,获得用户的认同至关重要。移动互联网时代的用户具有行为移动化、在线实时化、消费理性化等特征,对产品不再仅仅满足于其功能需求,更多的是看重产品所能够给其自身带来的体验,因此要求在产品的设计、研发中都要广泛征求消费者意见,特别是年轻消费者群体,关注他们对产品特性的要求,并把这种要求体现在产品的研发、设计中,获得用户对产品的参与感、认同感,进而分享他们良好的用户体验,成为品牌传播者(见图 6–1)。

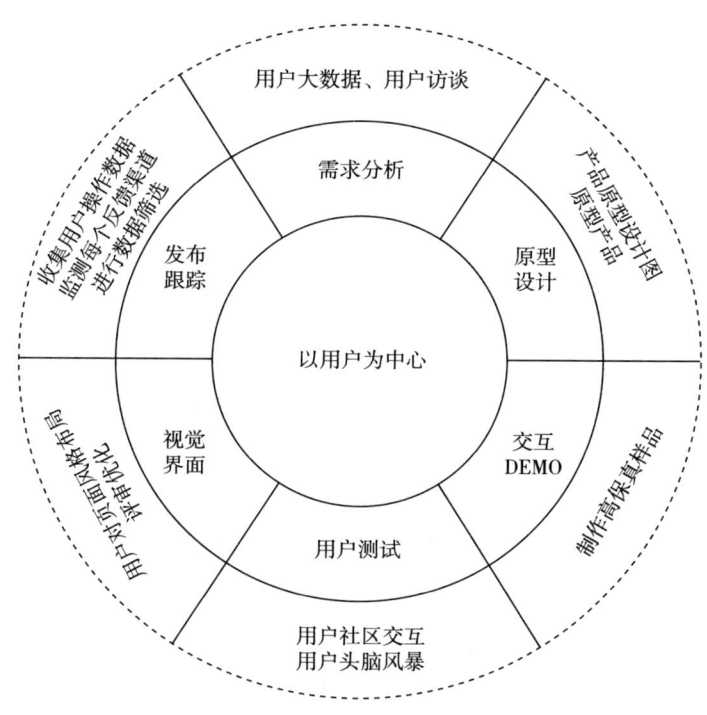

图 6–1 "以用户为中心"的思维

6.2 建立透明、共享、统一的物流信息平台

零售商全渠道在追求各渠道协同发展的过程中,物流信息共享是至关重要的一个环节。通过合理搭配多种信息沟通渠道,可以帮助客户获得互补利益,提高信息的透明度、共享性,达到良好的沟通效果。通过充分利用线上线下物流节点,实现物流信息的共享。虽然实体商店的操作可以有所不同,但是物流、供应

链、采购等这些后端环节,不同的渠道一定要统一设计、规划,以保证用户在不同渠道购物体验的一致性。物流信息交换流程如图6-2所示。

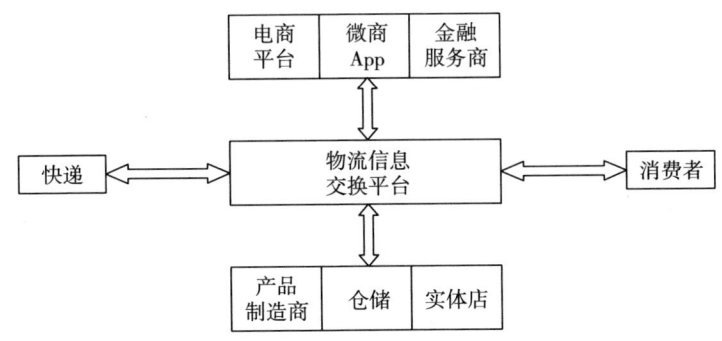

图6-2 物流信息交换流程

6.3 布局移动电子商务,提供无缝购物体验

据统计显示,我国网民中约79%的人通过手机等移动端上网、购物、社交,在2016年达6.2亿人,预计网购规模将达3.6万亿元,占全社会消费品零售额的10.8%。每一部手机、每一部可穿戴设备的背后都是一个有确定身份、确定位置的人,移动端把消费者从电脑的时空束缚中彻底解放出来,他们通过网络与全球任何品牌、任何商品、任何零售商进行无缝链接,查询到他们感兴趣的商品信息。传统零售商应顺应并满足目前消费者行为的变化,加速向全渠道零售模式的转换,真正从传统零售商向一家真正以科技驱动的全渠道零售公司转型。在布局移动电子商务的时候,移动支付的急剧上升是个不争的事实,其信息的隐私性、支付终端的安全性、支付的方便快捷性、移动支付各环节的法律保障性等,也是移动电子商务能否健康、快速发展的关键条件。无缝购物流程如图6-3所示。

6 中小型实体百货店全渠道零售转型的基本思路

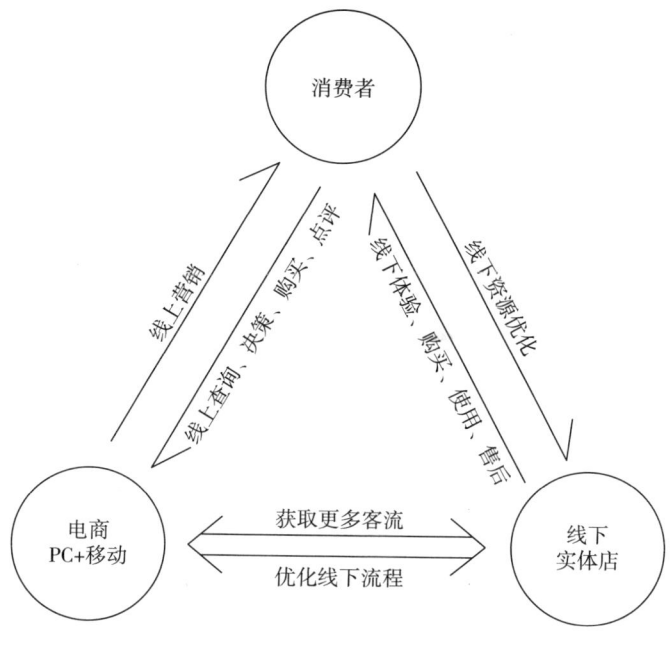

图6-3 无缝购物流程

6.4 利用社交媒体，重塑零售商和客户的沟通关系

某类社交媒体是人们由于兴趣、爱好或者共同的社会关系、价值观而形成，在不同类别的社交媒体零售商可以了解到不同类别的消费者对商品的期望以及购买欲望、评价等。同时，社交媒体的信息传播更快、让世界更小，这导致了零售业和客户的沟通关系发生根本性的变化：用户逐渐掌握话语权，不再被动接受企业单方向他们发送的信息，他们主动与企业进行平等对话，与品牌进行互动交流，希望企业倾听他们的需求，并能做出快速反应。因此，零售百货商需要重新设计购物体验流程，让消费者无论是在线上还是线下都能得到完美的购物体验。通过社交媒体提供更多娱乐性和社交化的信息、增值服务，如利用企业官方微信和微博，不仅为零售商和消费者之间搭建一个及时、便捷的沟通平台，还可以通

过该平台对消费者进行个性化的营销活动，从而使这些社交平台成为零售商口碑营销的最佳途径（见图6-4）。

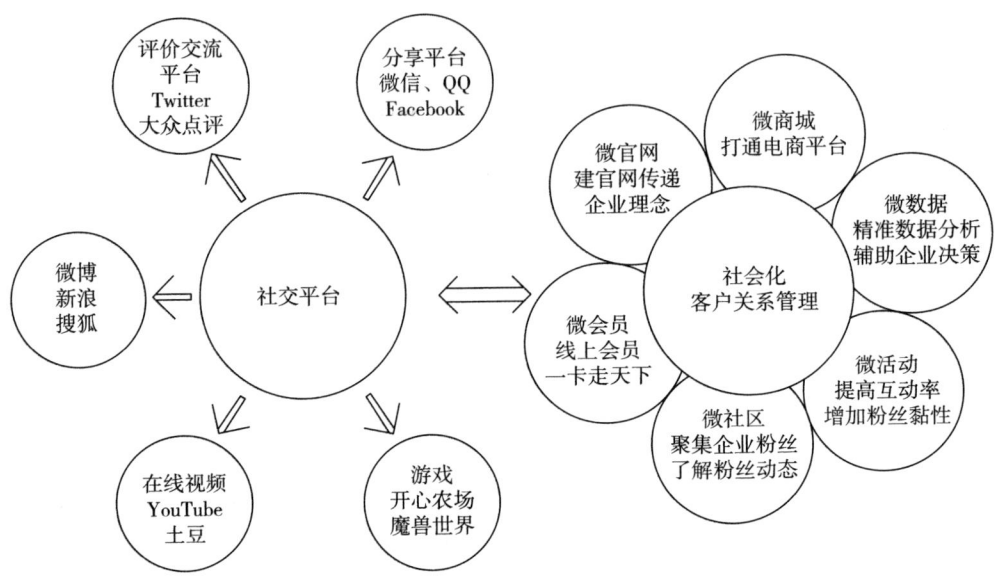

图6-4 利用社交媒体重塑客户关系

6.5 利用微店，实现真正的一对一精准营销

微店是每个消费者私人化的、个性化的、移动的个人商店，建立个性化的购物清单，零售商据此给消费者进行个性化的商品推荐。从零售商的实体店和网店到消费者的个人微店，这是一场全新的业态革命，不管是零售实体店还是网店的店员，都可以在自己的微店连接所有的顾客粉丝，与顾客建立"一对一"的沟通、对话等情感连接，同时基于每个粉丝的订阅数据和全渠道大数据，进行"一对一"的商品推荐和"一对一"的精准营销，激发顾客的购买欲望。一旦顾客做出选择，店员应对他们的选择予以感激，从而逐步在商家和顾客之间培育出信

任，培养自己的忠实顾客，而顾客也能因此获得愉悦的购物体验，并将其分享给好友（见图 6-5）。据推算，假设零售商有 100 万家微店，如果通过这 100 万家微店建立了完整的、数字化的口碑链接，由这些顾客的社交圈子发展的微店数量将达到 300 万~500 万家。

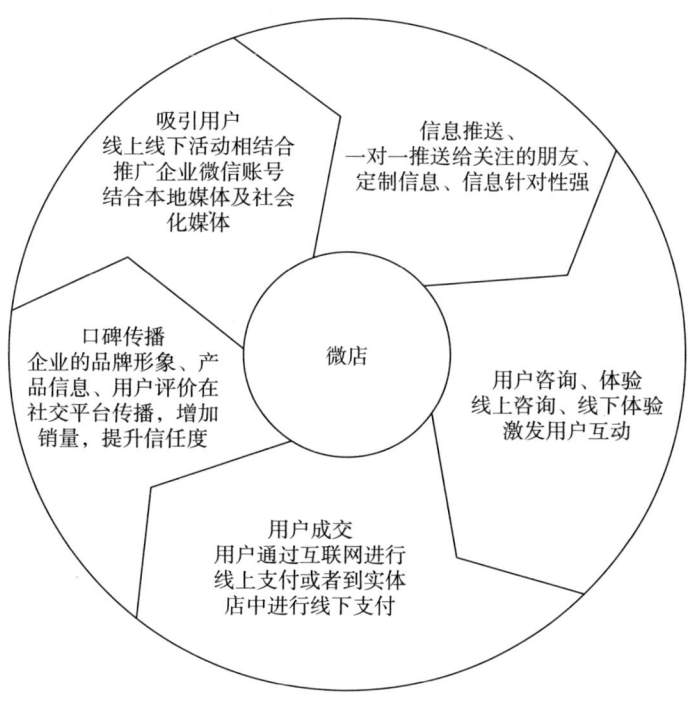

图 6-5　利用微店实现精准营销

随着移动互联网的应用，全球消费正在经历一场大变革，体现出社交化、本地化、移动化、个性化的消费特征，国外的梅西百货等零售业采用全渠道模式取得成功主要是依赖于其打通了线上线下渠道，为消费者构建了一站式、无缝购物体验；并通过先进的消费习惯跟踪技术，准确预测消费者购物行为，为消费者提供个性化精准营销；拥有先进技术的物流中心也使梅西百货可以更快地响应顾客的需求。我国零售业把产品、价格、服务等进行了线上线下统一的全渠道的经营尝试，但仍存在着非"消费者为中心"的运营思维、信息混乱、信息化程度落后、渠道冲突等阻碍全渠道运营模式应用的情况。因此，我国零售业应从抓住移动互联网时代消费者的特征进行：利用"以用户为中心"的思维，增强用户对产品的感知度、参与度；加强移动电商布局，给消费者的购买、支付等带来便利，提供消费者无缝购物体验；运用大数据等技术、微店等模式，实现对消费者的精准营销；发挥社交媒体的互动性，倾听消费者对产品、服务等的需求等重要环节。

7 中小型实体百货店全渠道零售的构建

越来越多的百货企业意识到,要实现零售转型,必须与互联网公司或大型电商合作,通过大数据和互联网技术,实现线上线下流量共享,同时也可以结合会员数据和消费数据,让用户画像更加清晰,从而实现精准营销。真正的全渠道零售需要让客户成为焦点,客户在传统联络渠道中和新的数字联络渠道中都能享受到无缝的用户体验,在所有渠道中都具有一致性的体验,就意味着客户可以从一个沟通渠道无缝转向另一个沟通渠道,并且在这个过程中沟通不会被打断。也就是说,从初次接触到结账、咨询、退货等,客户可以体验到无缝的购买旅程。本章研究了全渠道的各种渠道的特征、营销策略以及注意事项。

7.1 实体店渠道

近年来,随着消费需求的变化和互联网等信息技术的广泛应用,零售业面临着巨大挑战。2013~2016年,实体店零售连续几年处于下滑状态,一些实体店歇业关门。一方面,一部分大型零售企业经营困难,甚至出现个别商业街和商圈整体衰落的情景;另一方面,新的商业综合体不断涌现,争夺市场份额更加激烈。

在提及业绩下滑的原因,很多实体店都会习惯地以"经济下行、电商冲击"开头。诚然,大环境不景气、电商冲击分流是影响实体店遭遇困境的因素,但这些都是外因,从深层次分析,实体店当前面临的困境主要在于其经营老化、与消费需求严重错位。随着我国经济发展进入新常态,消费已经成为经济增长的第一驱动力。2018年社会消费品零售总额为380987亿元，同比增长9.0%，最终消费对经济增长的贡献率达到76.2%。在消费持续扩大的同时，消费需求也发生显著变化，从过去模仿型、排浪式消费向个性化、多样化消费转变，同时"80后""90后"等年轻消费群体崛起，成为新的消费增长点，与"50后""60后"相比，其消费行为的差异化给实体店带来了一定的冲击。其实，顾客的消费需求并未减少，而是发生了转移。从业态、商品、品类、品牌、服务、体验等方面迎合新消费需求，是零售业供给侧改革的核心意涵。实体店要在当前形势下生存、发展，必须适应消费需求变化，加快转型升级。

7.1.1 实体零售店转型升级的模式

目前根据零售业承担的功能和目标市场、商品组合以及营销组合策略选择上的不同，实体店全渠道零售转型主要有相互独立、相互补充和相互融合三种模式。

（1）相互独立模式。

相互独立模式是指传统零售企业把开拓网络零售作为独立的渠道，网络零售和实体零售各自完成所有零售功能，分别经营差异化的商品组合，分别针对不同的目标顾客、实施差异化的营销组合策略。相互独立模式下，网络零售是传统零售商开拓的独立渠道，与实体渠道没有业务交叉，独立经营、独立核算、独立成长。银泰百货是相互独立模式的典范。银泰网是银泰百货的网上商城，由专业的电子商务运营团队来运作，银泰网经营的商品品类也与银泰百货不同，主要以时尚品牌为主，且采取了不同于实体零售的自采、自销的自营模式。

（2）相互补充模式。

相互补充模式是指传统零售企业的网络渠道和实体渠道各自完成所有零售功能，但将相同的商品组合分别销售给不同的目标顾客群。相互补充模式中，网络渠道和实体渠道分别完成传递信息、商品展示、收款和送货、售后服务等所有的零售功能，实现两种渠道的相互补充，扩大市场覆盖面，增加商品的销量。苏宁云商是相互补充模式运用的典范。一方面，相互补充模式下，传统零售商的两种渠道经营的商品相同，在某些零售功能如商品信息传递、促销、退换货服务等业务上可以实现相互支持或协作。例如，传统零售商应用网络渠道展示丰富多样的产品，以突破实体渠道库存量的限制；而对于体积庞大的产品，因其占用空间大、通常费用昂贵,可通过网络渠道展示样品,实体渠道为顾客进一步感知、检验提供服务,同时网络渠道也提供支付功能。另一方面,相互补充模式下,传统零售商实体渠道和网络渠道分别服务特定的目标顾客群。"互联网+"背景下消费者先选择渠道、后选择品牌成为常态,消费者渠道选择通常先于品牌选择,因而使"渠道"成为市场细分的新标志。相互补充模式下,传统零售商的实体渠道主要为偏好实体渠道的目标顾客群服务,网络渠道主要为偏好网络渠道的目标顾客群服务;偏好传统渠道和偏好网络渠道的顾客群均对商品本身的需求没有明显的差异,因而,线上线下同品同价是相互补充模式下传统零售企业的策略选择,如苏宁电器2013年开始在北京、上海等城市市场实行线上线下同品同价。

(3) 相互融合模式。

相互融合模式是指传统零售企业在业务流程再造的基础上,有效配置资源,将网络渠道和实体渠道整合为一条统一的渠道。相互融合模式中,传统零售企业的网络渠道和实体渠道是利益共同体,存在分工协作的关系,两种渠道优势互补,分别承担成本低或效率高的职能,网络渠道主要提供商品展示、交易等功能,实体渠道主要完成商品体验、售后服务等功能。2012年7月20日,金海马家居开拓了其网上商城,顾客订单实现了仓储直发,得益于其实体店与珠三角区域内五大物流仓储中心的有力支撑,珠三角区域内的客户可以线下体验、线上挑选交易,并得到贴心配送和安装服务,成功运用了实体渠道和网络渠道的相互融合模式。

综上所述,实体店转型的三种模式各具特点,在零售功能配置、目标市场、商品组合和营销组合方面存在显著差异,传统零售商在具体选择应用哪种模式时应全面考虑零售业态、企业自身资源条件和市场需求等因素。一般而言,超市业态的传统零售商较为适合采用相互补充模式,百货业态适合采用相互独立模式,专业店业态的传统零售商既可以选择相互补充模式也可以选择相互融合模式;传统零售企业实体店数量少时,应选择相互独立模式,实体店数量多时,既可以选择相互融合模式也可以选择相互补充模式;市场需求方面,当目标市场消费者关注价格和便利性时,传统零售企业更适合采用相互独立模式,如果消费者更关注服务和品质,相互融合模式或相互补充模式是更好的选择。

在数据化大时代下,若能充分抓住数据流的指向,考虑人群和供应链关系,弄明白消费者在哪里,并透过数据去洞察人的需求和变化,全渠道零售布局才能更精准有效。

7.1.2 实体零售店转型升级的方向

零售业的变革时代已经到来,最重要的是改变自己,顺势而为。这个"势",就是实体店转型升级的方向。如何把握好方向?既要密切关注行业发展的新动态、新动向,更要时刻聚焦于顾客需求。由中国百货商业协会发布的《2016—2017年中国百货行业发展报告前瞻与启示》指出,零售企业线上线下全方位深入融合、社交化场景化多元消费场景、多业态协同提供一站式聚合服务、供应链智能高效等特征日益明显,呈现以下发展趋势:

趋势一:构建线上线下融合新格局。许多传统百货店都在通过建设自身电商平台、移动端手机 App、微信平台、电子 VIP 卡等一系列手段,建立和发展线上营销渠道,向顾客传递促销信息,优化顾客购物体验,为顾客提供各项 VIP 增值服务。如金鹰商贸集团的"掌上金鹰"客户端目前覆盖商品促销、金鹰购、积分兑换、电子礼品卡、智能停车、视光中心、VIP 课堂、酒店、汽车养护等全生活服务。

趋势二:与第三方电商平台联手。全渠道是传统商业的升级版,要实现全渠道需要建立高效的供应链作为支撑,前端、中端以致终端的各个环节也必须结合在一起,以满足当前消费者多元化的消费需求。当商业正逐渐步入全渠道时代,线上与线下的界限日益模糊,传统零售企业与电商纷纷牵手电商巨头,合作越来越紧密,形成优势互补的融合模式,推动零售业资源优化配置。电商平台协助商家打通线上线下渠道,实现了"线上下单、门店提货""门店下单、仓库配送"等新型零售方式,加快传统企业数字化转型。如阿里牵手三江购物、银泰百货、百联集团,沃乐玛、永辉超市加入京东,线上线下企业合作互动频繁。

趋势三:多业态跨界协同趋势明显。随着消费者对商业设施的功能性需求和体验性需求的日益增强,传统百货如果不丰富业态将无法留住消费者。实体零售店纷纷通过在场景布置、业态组合、结算方式等方面的创新来提升顾客体验。店内采取主题场景的布局,各层根据不同主题引进相对应的主力店,迎合不同消费者需求。在业态布局上,覆盖吃喝玩乐购,重点是在休闲娱乐和餐饮配套上。如深圳新沙天虹购物中心,购物中心总建筑面积 10 万平方米,其零售、餐饮与娱乐三大板块的比例分别为 55%、23%、22%,合作的商家多为年轻人所喜爱的快时尚品牌,着力于创造年轻化、潮流化的商品与环境。

趋势四：社交化场景化模式成主流。在移动互联网时代背景下，消费者的大量碎片化时间被移动端设备占据，在购买决策上，口碑是影响消费者网络购物的决定性因素。为迎合移动用户的需求，各大传统零售店也都建立起了自己的移动端平台，为用户提供更丰富和个性化的社交使用体验，由此，社交电商已经形成"社群流量—口碑推广—电商流量"的全新商业逻辑。移动购物已经成为社交的一种方式，消费者正形成以社群为入口的购物习惯，基于社交关系链的场景消费已是大势所趋。社群有着高活跃度、强关系链、场景多样等特性，社群互动可以有效提升消费者购物频次。例如，天虹商场在落实门店微信后不仅实现线下门店的可视化，还结合实体场景、社交关系等逐步打通营销、会员、商品、销售、支付在内的诸多环节。

趋势五：重构智能高效供应链体系。实体零售店需要对消费者的需求进行提前洞察及对消费者的行为进行预判，从源头的生产到终端的消费，都需要基于消费者需求分析准确的供货量。智能高效供应链体系中品牌商、批发商、经销商以及终端零售商的商品与订单可实现 24 小时实时在线交易，通过 App、移动端网站、PC 网站多端接入，订单根据地域自动分配，最大限度消除了信息不对称问题。此外，在终端门店，通过精准的客户购买分析预估购买量，实时传送生产端口，在商品品类上做到近乎零库存。如永辉、大商通过参股收购等方式与全球优质源产地供应商合作，加快基地建设和生产端战略合作，引进国内稀缺的特色化、品质化商品，同步提升企业竞争力。

趋势六：社区商业进入黄金发展期。线上的红利期已彻底过去，整个流量关系从线上到了线下，从投资角度讲，现在要更关注的是谁有线下流量。而从未来趋势看，未来围绕着线下便利店的圈地运动会更加激烈。在实体零售业经济持续低迷的情况下，以华润万家、家乐福等为代表的大型零售企业纷纷开始转型，试水全新的小业态，华润试水全新的小业态乐购 express，家乐福推出 easy 便利店，一批以社区精品超市、便利店为代表的小业态开始频繁涌现，以迅猛的速度发展着。京东宣布万家家电专卖百万便利店计划，以及人气火爆的无人便利店项目，均反映了成熟周期短、小而美的社区零售必将成为下一个"风口"。

7.1.3 实体零售转型升级的策略

从主流消费需求分析，主要呈现以下特征：从消费偏好来看，更加追求品质与个性。当前教育培训、医疗卫生、健康养生、文化娱乐、休闲旅游等服务性消费成为新的消费热点，人们不再跟风和追逐"爆款"，时尚、个性、小众、定制逐步成为人们新的消费习惯。从消费方式来看，更加体现融合和多元。消费者在习惯于享受线上便捷高效的同时，也不排斥线下购物，人们的消费行为更多地呈现出一种复合型的"两栖消费"。从消费内容来看，更加强调服务和体验。消费者在可接受的价格区间内，越来越重视服务的品质和极致体验，追求消费过程中的舒适、愉悦和满足，并愿意为满意的消费体验支付溢价。从消费文化看，更加倡导绿色和共享。理性消费、绿色环保、低碳健康已被广泛接受，同时共享经济重塑了消费文化，网络拼车、共享单车、出租闲置房屋、交换闲置物品等消费模式受到追捧，共享经济逐步成为未来零售业发展的趋势之一。

实体店的转型升级只有把握好"大势"和消费需求，真正坚持以消费者为中心，脚踏实地做好自己的事，才能不偏离前行的方向。

（1）体验营销。

体验营销是随着体验经济的产生而产生的一种新的营销方式。伯德·施密特博士在他写的《体验式营销》一书中指出，体验营销是站在消费者的五个方面：感官（Sense）、情感（Feel）、思考（Think）、行动（Act）、关联（Relate），而重新定义、设计营销的新思考方式。这种思维方式突破传统的理性消费者的假设，与此同时，消费者支出是一个理性和感性的过程，消费者在消费过程中，体验的过程是研究消费者行为的关键。现代购物中心应该致力于创建一个独特的消费体验，关注更多的娱乐和社会增值服务，创造新鲜而有趣的话题和热点，重建与消费者的关系和购物带来的喜悦，更好地与消费者沟通情感和关系营销。全渠道实体店与传统的购物中心相比，更加注重环境和建筑设计，强调合理布局的特点、风格舒适、环境优雅、消费阶层生活品位的追求，符合消费习惯，塑造人们的感官体验和心理认同，通过环境、系统结构和综合店铺风格创建独特的休闲消费领域，刺激消费者意识和消费者的购物行为。

体验营销可分为五种类型：

第一，知觉式营销。知觉式营销是通过人体感官建立的体验，这种方式是最直接明了的，消费者可以通过感官就直接感受到不同的产品或者同种产品质量及材质有何区别。几乎每个实体店都会进行的产品性能体验，如食品类的商品，试饮、试吃已经被国内外大型超市采用多年，服装类产品的试穿、试戴，化妆品的试用等,这样虽然加快了商品样品的损耗,但是给予消费者一个真实的体验,使消费者对产品没有任何陌生感,是培养顾客忠诚的有效途径,是促使消费者购买的有效手段。

例如,迪卡侬在外观方面,门店一般是单体独栋建筑物,并且外观是白色的,第一眼就能区别于周边其他建筑物,方便顾客找寻并能给人视觉上带来冲击感,象征着体育运动的纯粹(见图7-1)。在超市里面,工作员工的言行举止都十分有活力,男性员工不得留过耳的长发,女性员工不能画太浓的妆,突出了运动的理念。着装上工作服主要是蓝色工装背心,配上Logo易于顾客找寻销售助理寻求帮助。在不同运动种类的货架上一般都配有液晶电视,播放该项运动产品的宣传和使用视频,配上动感的音乐,顾客多数会停留观看。

图7-1 迪卡侬外观

第二,思维营销。思维营销是通过引起消费者思考,并用创造性的方式让消费者对所面对的问题进行思考,从而改变消费者的认知并解决问题的一种体验。

以国美零售西北最大的门店西安电视塔店为例,这家面积达到了1.2万平方米的门店在这方面的营销上花了很多的工夫。例如,在纯净水分区,作了现实自来水抽样报告,让消费者了解到家中自来水的真实水质情况。本来很多人都认为净水器没有多大的用处,国美则通过体验的方式让用户感受净水器的作用,让用户发掘新的消费需求,以这种方式来卖产品(见图7-2~图7-4)。

图7-2 国美店中的自来水样陈列

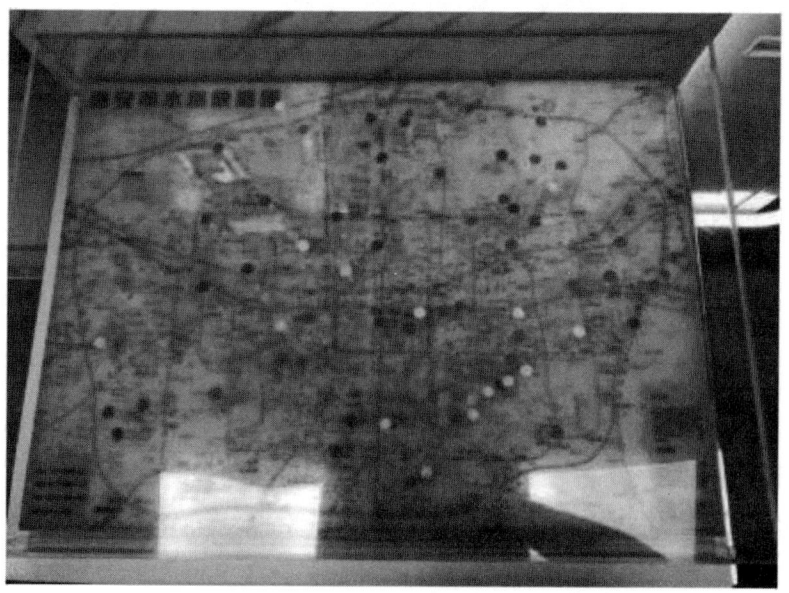

图7-3 西安国美店中水质分析图

7　中小型实体百货店全渠道零售的构建

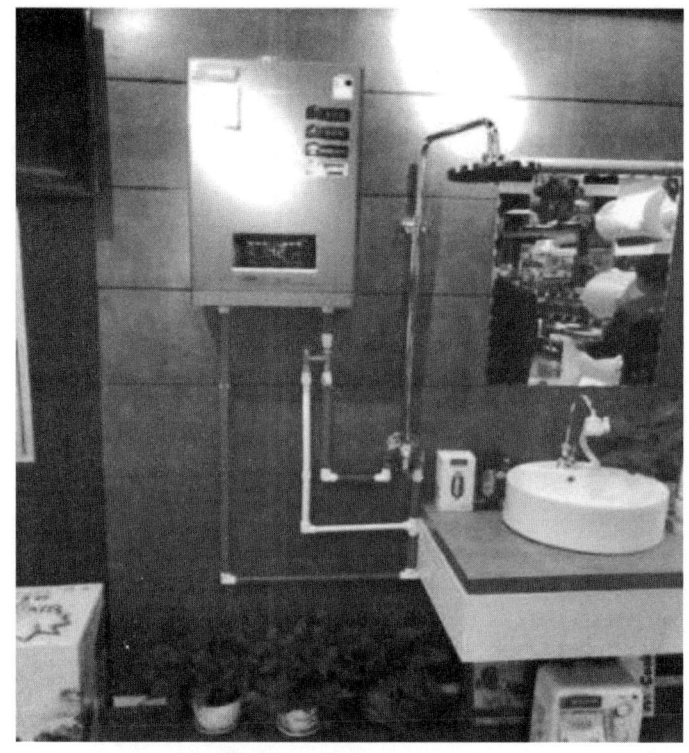

图7-4　西安国美店中水质净化装置

第三，行为营销。行为营销是消费者亲身参与其中，对产品或服务进行体验，如通过企业广告或者一些网红、明星代言产品从而影响消费者的行为，以此对产品销售起到促进作用。

迪卡侬商场所陈列商品都是为运动体验服务的。卖场里设有篮球场、5人足球场和羽毛球场等体验区（见图7-5～图7-6），在商场或运动场地组织精彩的运动体验，这些免费的活动帮助运动爱好者发掘运动的快乐，并为他们提供了交流的机会。

第四，情感营销。情感营销是利用消费者情感当中感性的一面的一种营销模式。因此商家通过创造一个能使消费者产生冲动性购买的环境，同时在这个环境下要让消费者感到自然舒适、心情愉悦，这样才能引起消费者的情感触动，增强消费者的购买能力，并且这些情感中包含了各种积极的、正面的情感。

图7-5 迪卡侬店中的高尔夫体验

图7-6 迪卡侬店中的儿童运动用品体验

迪卡侬通过提供各种设施来提倡快速自主地消费形式，但同时为顾客提供专业细致的咨询服务，来拉近与消费者之间的距离。在迪卡侬商场内，一般每隔两个货架就有一个穿着白蓝色马甲工装的销售助理，与其他零售超市售货员不同的是迪卡侬的销售助理除销售产品外，更重要的工作是帮顾客解答疑问和提供各种专业的建议，如自行车调试方面的问题、球拍穿线服务等。迪卡侬在招聘销售助理时，一般都要求是某项运动的爱好者或者专家，这样可以保证在给顾客提供建议时是最合理科学的，并且能够给顾客留下非常专业的印象。在自行车维修调试方面，迪卡侬能提供安装附件等一系列专业的服务，解决顾客的后顾之忧。

第五，关联营销。关联营销是消费者想通过实现自己的某些愿望，让别人对自己产生好感的方式。关联营销将消费者和一个较广泛的社会系统相互关联，从而建立消费者对某种品牌的偏好。类似的情形还有很多，国美对许多线下门店都进行了改造，搭建了电竞、网咖、餐吧和烘焙场景，还引进了中国第一个专业VR电影院等，把国美的门店变成了生活的体验馆与用户进行互动。例如，组织电竞比赛，设备上全用大品牌、高配置的游戏本，再加上大尺寸的电视……当用户参与到这些聚客的娱乐活动当中时，既为线下门店凝聚客流，也在体验之中唤醒用户的需求。

（2）场景营销。

场景营销是通过特定分析用户在时间、地点、用户和关系构成的特定场景下，连接判断用户在特定场景下的情感、态度和需求，为用户提供精准的实时、定向、创意的信息和内容服务，通过与用户在特定场景下的互动沟通，树立品牌形象或提升转化率，实现精准营销的营销行为。

场景营销基本包含以下内容：准确获取消费者多样个性化需求、构建场景、建立入口、提供匹配消费者需求的服务内容、增强消费者体验并使其产生情感共鸣从而建立连接、刺激消费、促进交易闭环。场景营销闭环的具体实施流程为：企业确定目标消费群体；以消费者为中心，根据消费者的需求构建场景，设置入口（App、二维码、网站、实体店等）展现商品或服务；消费者根据自己的需求购买相应的商品；最终将相关信息反馈给企业。场景营销的重点在于消费者的情感共鸣和体验。

宜家可以说是一个做场景营销的高手了，在空间上打造了卧室、浴室、厨房、书房等多个风格各异的样板间，让顾客随时享受到家的温暖，除卖场、公交站等地点外，还可以与相近或跨界行业合作，找到接触点，建立连接，形成新鲜度。在宜家卖场，根据不同的场景标签，赋予商品不同的内涵，激起消费者情感消费。"永恒挚爱"代表爱情、"活力菁华"代表青春等，将每个标签所对应的商品精心布置并以主题的形式呈现出来，引起处于人生不同阶段的消费者的共鸣，建立情感链接，从而增加购买量。与相关或跨界行业合作，找到接触点，构造场景：宜家可以与书店合作，使读者增强情感投射的同时增加购买宜家商品的概率；与装潢公司合作，增加消费者买家居首选宜家的概率；与交通运输业合作，车厢内构建场景会让乘客有新鲜感，在恰当的地方摆放实体商品，使消费者与实物接触，加深体验；与医院合作，利于就医者病情恢复，加深对宜家的情感链接。这些场景的设置中需要有入口使企业或商品与消费者链接，入口可以是客服、二维码等，使消费者方便快捷获取信息，促成交易闭环。

2017年5月，宜家还在"时间"上大做文章，推出了以"时间零售店"为主题的活动（见图7-7），"谁说时间是用金钱买不到的？在这里，你可以购买到任何你想要拥有的时间！"

图7-7 宜家的"时间零售店"活动

为什么"时间零售店"那么火呢？

下面让我们来分析"时间零售店"的营销特色。

首先，营销角度独特，从"时间"维度入手。只需将鼠标移到这些产品图片上，图片就会自动显示这个产品代表了多长时间，如图7-8所示的储物箱，价值的时间是40分钟，也就是你使用这个产品，可以为你节省40分钟的时间。

其次，用具体的情景命名，充满生活趣味，竹质的搁物架就被描述成了"糟糕，浴液又跑哪儿了"，白色衣架被描述成了"再多睡一会儿吧"。

最后，在突出产品性能的同时，鼓励消费者建立亲密关系，建议广大消费者将使用宜家产品节省的时间用来做更有意义的事情，如建立亲密关系，好好陪伴身边的人。

图7-8 "时间零售店"的储物箱

场景营销定位于具体的生活场景，契合实际，增加消费者的代入感，可以有效地将潜在消费者转化为实际消费者，提高广告的转化率；能精准地满足消费者需求，同时方便接触，便于与消费者之间建立联系，提高品牌忠诚度；场景营销创意空间大，有利于塑造良好的品牌形象，赢得消费者的信任。在"时间零售店"以及空间场景营销中，宜家创意十足，用幽默诙谐的方式打造出亲民的品牌形象，引起消费者的好感，激发购买欲望。

（3）跨界营销。

跨界营销，代表一种新锐的生活态度与审美方式的融合，对于品牌的最大益处是让原本毫不相干的元素，相互渗透相互融合，从而给品牌一种立体感和纵深感。可以建立"跨界"关系的，一定是互补性而非竞争性，这里所说的互补，并非功能上的互补,而是用户体验上的互补。

在跨界营销方面做得风生水起的当属宜家了(见图7-9),现在朋友圈时常出现的一句话是:"我刚刚去宜家吃了个饭,顺便看了看家具",还有人戏称,"宜家是个吃饭的地儿,对了,它还卖家具"。

图7-9 宜家餐厅

宜家餐厅已经做到比宜家更火的地步了,很多人都以去宜家吃个冰淇淋和肉丸而自豪,甚至还出现了多个版本的宜家美食攻略。

2016年,宜家餐厅的销售额居然达到了18亿美元,劲头强势得让餐饮界的巨头们也闻风丧胆,那么宜家餐厅为什么那么受欢迎呢?答案如图7-10所示。

"我们不能让消费者饿着肚子去逛宜家",这大概是宜家餐厅最开始的经营理念,后来随着宜家餐厅的意外走红,人们发现宜家也越来越受消费者的欢迎,"虽然我买不起宜家的大件家具,但我在那儿可以吃顿饭",提高消费者的自尊心和心理满足感,降低了客户与宜家的接触成本,减少了客户流失。

"兜售产品,不如兜售一种生活方式",宜家跨界营销开设宜家餐厅,并没有我们想象的那么简单,它向消费者传达了始终如一的宜家精神,"一种家具上的情怀",从大众出发,用独特的敬业、创新、成本意识,以最大的热情,让人们真正享受生活。人们在宜家餐厅里休闲放松,不仅是企业经营利润的扩大,更是品牌文化的延伸。

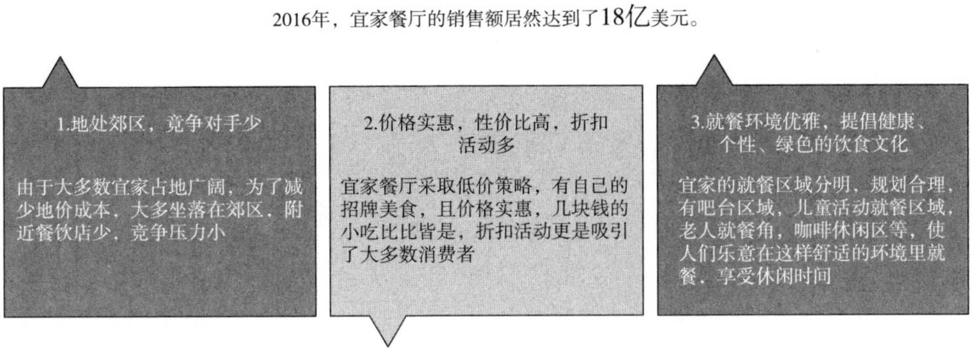

2016年，宜家餐厅的销售额居然达到了18亿美元。

> 1.地处郊区，竞争对手少
>
> 由于大多数宜家占地广阔，为了减少地价成本，大多坐落在郊区，附近餐饮店少，竞争压力小

> 2.价格实惠，性价比高，折扣活动多
>
> 宜家餐厅采取低价策略，有自己的招牌美食，且价格实惠，几块钱的小吃比比皆是，折扣活动更是吸引了大多数消费者

> 3.就餐环境优雅，提倡健康、个性、绿色的饮食文化
>
> 宜家的就餐区域分明，规划合理，有吧台区域，儿童活动就餐区域，老人就餐角，咖啡休闲区等，使人们乐意在这样舒适的环境里就餐，享受休闲时间

图7-10　宜家的销售成功之道

（4）服务营销。

"服务营销"是一种通过关注顾客，进而提供服务，最终实现有利的交换的营销手段，作为服务营销的重要环节，"顾客关注"工作质量的高低，将决定后续环节的成功与否，影响服务整体方案的效果。服务营销是企业在充分认识满足消费者需求的前提下，为充分满足消费者需求在营销过程中所采取的一系列活动。服务作为一种营销组合要素，真正引起人们重视的是20世纪80年代后期，这一时期，由于科学技术的进步和社会生产力的显著提高，产业升级和生产的专业化发展日益加速，一方面使产品的服务含量，即产品的服务密集度日益增大。另一方面，随着劳动生产率的提高，市场转向买方市场，消费者随着收入水平提高，他们的消费需求也逐渐发生变化，需求层次也相应提高，并向多样化方向拓展。

从研究机构的数据来看，接近90%的消费者希望在购物时能够自己来判断产品，除非直到他们遇到问题不能解决需要员工的帮助。即使是在他们确实需要帮助的时候，大多数消费者更喜欢使用商店内的技术来解决他们的问题，而不是与销售员过多的交谈。甚至有超过80%的消费者宁愿通过价格标签来确认产品价格，也不愿去追踪和询问店内的客户服务人员。此外，当消费者进店需要了解关于产品选择的建议时，更多的消费者更喜欢依赖朋友和家人的建议，还有通过社交媒体收集的购物建议，去决定产品的选择，而不是通过商店员工的建议去选择。这样看来，在全渠道零售时代，实体店服务升级的关键点在于店铺大数据和人工智能营销。有价值的服务包括：

网上预订，能够在店内取货。42%的"千禧一代"消费者是在网上研究服装，但是图片不能反映产品的真实感觉，在购买商品前在店内试用是很重要的。

及时的促销和销售通知。近34%的受访者表示,进入商店后在智能手机上收到促销信息和销售通知是很重要的,商家及时把活动告知消费者能最大化起到促销作用。

商家流动的销售点。近30%的受访者表示,能够从商店的任何地方去了解和购买商品是很重要的,这意味着提供数字扫描技术服务对零售来说将变得越来越重要。

店内的无线网络。能够在店内使用免费无线网络,通过网络和社交媒体寻求购买信息,对于30%的受访者来说也是很重要的,同时也可以结合商店活动使用。

商店自身应用程序。从调查来看,向购物者提供个人建议的应用程序对大约29%的购物者很重要。相比之下,只有17%的人将销售助理列为重要的帮助来源。

商店自身打造的活动。40%受访者认为服装和美容产品相关的活动很重要,可以比较真实地反映产品的质量,这表明年轻一代的购物者对此类活动的反映可能会更好。

手机的移动支付。目前由于移动支付带来的便捷,以及人们逐渐不带现金的习惯,商家能够通过移动支付的选择对接受调查的80%的人来说很重要。

(5) 引入智能设备和热点新技术。

现今,许多大的IT公司对智能零售的前景十分看好,他们已经开发出了一些非常有价值的智能设备、核心技术及数据解决方案。如果零售企业能与这些公司合作,将能很好地提升顾客体验和管理水平,实现实体零售业的腾飞。图7-11为某专卖店的智能设备展示。下面介绍几种有价值的智能设备和热点技术:

第一,3D虚拟试衣镜。2015年7月,日本一家公司推出了一款3D虚拟试衣镜。这款试衣镜可让顾客在挑选衣服时,只需手势控制便可"试穿"商店内所有服装,并且可以根据试衣者的动作同步展示试穿效果,甚至是裙摆的晃动。同时允许用户将这些试衣形象传输至智能手机或平板电脑,与朋友共享,亦可在离开前删除这些图片。这款试衣镜免除了每次试穿时脱脱穿穿的麻烦,十分便捷,如果实体店中有一款这样的机器,或许将对服装销售产生划时代的影响。

图7-11 某专卖店的智能设备展示

第二，穿戴式智能设备。这种设备是直接穿戴在消费者的身体上，直接实现人机交互方式，可以轻松记录跟踪顾客的消费路径和行为，为每位顾客提供贴心的、个性化的服务，能帮助消费者及时得到他们所需要的相关产品信息，而且能够帮助商家将线上和线下销售有机结合起来。例如，美国加州华特迪士尼使用了具有射频识别功能的"魔幻手环"，在园内游览消费时顾客使用手环感应就可以实现自动检票、酒店入住及进出房间、用餐及购物等消费行为，还可用于预先登记。另外，银泰已使用的百度实验室开发的Baidu-Eye，既可同步获得消费者第一视角数据，又可向顾客精准推送包括款式设计、品牌故事、搭配、比价、打折信息等商品信息。

第三，RFID技术。RFID技术是自动信息采集识别技术，它能自动追踪商品动态，使渠道各个环节可以及时关注商品物流状态，使整个供应链系统简易高效，实现真正的动态管理。在一些超市已经开始为顾客提供RFID超市智能导购车。中国七匹狼男装已经开通了智能店铺系统，包括智能导购、智能试衣和快速结账系统。以提升用户智能化购物的体验感受，给顾客带来智慧购物体验，另外,使用 RFID 智能货架可以提升商品追踪、盘点、促销、服务水平,助力店铺智能化。

7.2 线上渠道

电子商务的发展和社会文化变化带来的消费习惯变化使我国零售业发生着翻天覆地的变化,相比过去,零售业有了更大机遇的同时,也有了更大的挑战。线下实体纷纷走向线上,开辟线上渠道,成为消费者越来越受欢迎的购物模式。这种线上渠道应与线下实体店进行融合(见图 7-12),使实体零售店的全渠道策略得以顺利进行。

图 7-12 线上线下的融合关系

7.2.1 实体店线上渠道的三种模式

实施全渠道的零售店在布局线上渠道的时候,采取的模式主要有三种:

(1) 自建电商平台。

这种类型是以苏宁电器为代表的全渠道零售企业。2010年,苏宁易购上线,这是苏宁电器自建的电商平台。之后,苏宁又实行了"去电器化"策略,在线下布局了苏宁Expo超级店,经营全品类商品,以实现线上电商平台和线下实体商城在产品、价格、物流方面的全面开放、协调共享,以推进两个平台同步发展。

除苏宁外,王府井、银泰、银座等百货集团也建立了自己的电商平台,进行全渠道转型。

(2) 与第三方电商平台合作。

随着实体店触网能力进一步提升,电商渠道不断并入线下实体,双方都可以从提升服务体验方面多做文章,真正打造消费者需要的多元渠道,实现电商与线下实体零售企业合作,传统零售商开始"两条腿走路",即接入京东到家、美团等第三方到家服务平台,同时孵化自有电商平台。例如,大润发、永辉入驻京东到家,百联接入美团、饿了么等第三方外卖平台,阿里巴巴与大型百货集团的合作,两者的关系是互利共赢的。

但运营一段时间后,部分零售企业发现,通过第三方平台也存在着无法提供个性化服务、单一零售商的存在感就会越低、"无缝对接"较难、流量来源难以识别等问题。

(3) 投资或者收购电子商务网站。

2012年,苏宁全资收购红孩子(一家母婴B2C平台),将红孩子引入苏宁实体店中,以推动其"去电器化"战略的开展。同样在2013年,沃尔玛对1号店进行增资扩股,将其持股比例提升到了51%,掌握了1号店的全面控股权,以规避自建电商网站所出现的各种问题,从而更好地布局全渠道。

7.2.2 线上渠道消费流程

与传统的消费者在商家直接消费的模式不同,基于全渠道的商业模式中,整个消费过程由线上、线下两部分构成,线下实体店专注于提供服务,线上平台则为消费者提供消费指南、优惠信息、便利服务(预订、在线支付、地图等)、分享等。因此在全渠道模式中,消费者的消费流程可以分解为五个阶段,如图7-13所示。

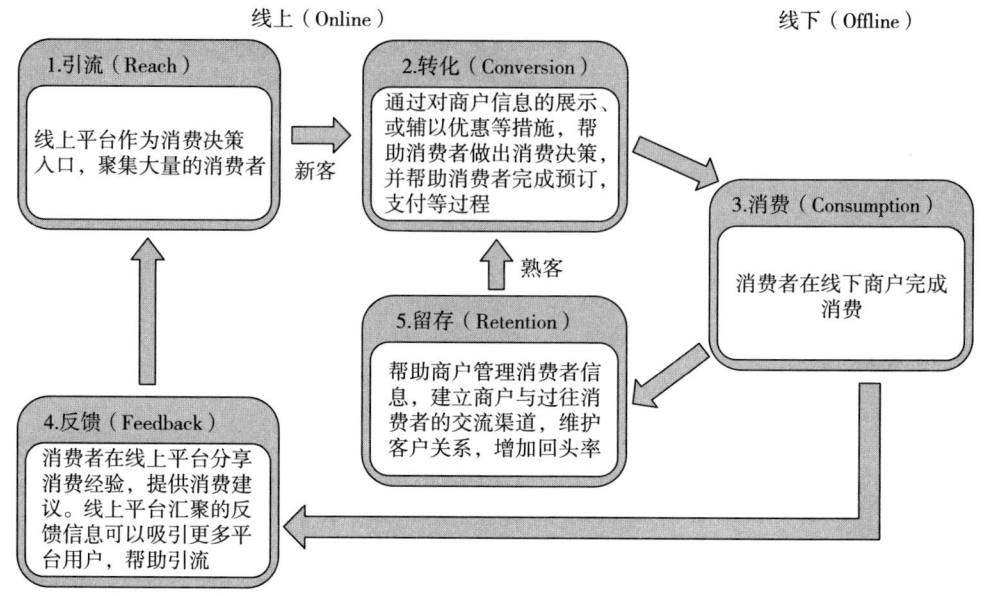

图 7-13　O2O 模式下的消费流程

（1）引流。

线上平台作为线下消费决策的入口，可以汇聚大量有消费需求的消费者，或者引发消费者的线下消费需求。常见的线上平台引流入口包括：消费点评类网站，如大众点评；电子地图，如百度地图、高德地图；社交类网站或应用，如微信、人人网。

（2）转化。

线上平台向消费者提供商铺的详细信息、优惠（如团购、优惠券）、便利服务，方便消费者搜索、对比商铺，并最终帮助消费者选择线下商户、完成消费决策。

（3）消费。

消费者利用线上获得的信息到线下商户接受服务、完成消费。

（4）反馈。

消费者将自己的消费体验反馈到线上平台，有助于其他消费者做出消费决策。线上平台通过梳理和分析消费者的反馈，形成更加完整的本地商铺信息库，可以吸引更多的消费者使用在线平台。

(5) 留存。

线上平台为消费者和本地商户建立沟通渠道,可以帮助本地商户维护消费者关系,使消费者重复消费,成为商家的回头客。

7.2.3 线上渠道运营基本工作

如果每天看着竞争对手的线上渠道,或因电商平台强势变得不自信,缺少有效线上渠道运营策略,肯定运营不好一个线上渠道,以下几种运营策略是实现线上渠道良好运转的基本工作:

(1) 做好商城网站人群定位。

如今的互联网平台,粉丝就是"上帝",吸引足够多的粉丝,是决定网站成败的关键,当然,在引流的过程中,不能过于盲目,要做好人群定位。如果线上渠道主要面向 20~30 岁的年轻女性,那么,就要在她们经常去的网络平台做营销宣传,通过新闻、论坛达人等方式,吸引她们的目光,偶尔也搞点福利活动,增加用户的黏合度。

(2) 利用活动为线上渠道引流。

线上渠道在上线初期,因为网站权重不高,流量很少,这时一般就需要通过付费手段获得流量了,网站推广工作也要同步展开,因为线上渠道和其他通过流量获利的网站比较,线上渠道是出售产品的,利用产品,完全可以通过打折等活动获得流量。

线上渠道利用活动为网站带来流量时,不要忽略用户任何产品都要"淘宝"一下的习惯,如果活动中产品价格高于淘宝上的价格,活动质量就会大打折扣,如果没有价格优势,那么,在推出相关折扣产品时,应先淘宝一下,淘宝上搜不到产品,才有定价的自由。

(3) 商城商品评价维护。

一些商城线上渠道的产品,自由销量没有评价,这么做显然是错误的,想要让线上渠道得到良性发展,在淘宝上有的网站也不能少,而且要比淘宝做得更精细一些。

有了评价体系,就应该时刻留意用户的评语,一般情况下,用户很在意他人的评价,甚至决定了他们的购买意愿,对于老客户,引导他们多写好评,最好能够加上产品截图,对于一些有失偏颇的评价,要及时进行攻关对策,甚至可以直接过滤掉,这就突出了商城网站的优势,而不像在第三方电商平台出售产品一样,缺少这个权力。

(4)线上渠道要有高效的物流体系。

马云曾经说,淘宝不需要做专门的物流。结果其竞争对手京东在物流上略胜淘宝一筹,最后逼得天猫不得不完善自己的物流体系,搞了一个菜鸟物流体系。线上渠道离不开物流体系,对于普通线上渠道来说,一般很少有自己的独立物流公司,通常是和物流公司合作来进行的。

从网站产品到用户手中,对于线上渠道来说,自己要严格把控产品质量,在发货前,做到谨慎小心,对产品认真检查一下,而选择的物流公司,一定要"快",发货速度是影响用户体验的一个重要因素,如果物流公司不给力,必要时要及时更换。

相对来说,线上渠道的物流体系,不能够完全依赖于物流公司,如果在各大城市可以建立强大的仓储,这样发货速度更加快。

在物流上,线上渠道可以根据自己的实力,逐渐完善自己的物流体系,不断做大做强,才是根本。

(5)商城网站客服要专业。

一个线上渠道理想的状态是,商品摆在网站上,无需任何交流,用户直接下单购物。显然,用这样方式购买的用户不是没有,但是,对于新用户来说,他们通常习惯与客服沟通联络之后,再决定购买。

在线上渠道,如果用户有和你交谈的愿望,证明他已经打算购买商品了,只是有几个小细节问题需要解决,面对线上渠道交易完成的最后一步,客服的重要性不言而喻。

线上渠道售后服务做得好,能为网站带来更多回头客,做得差就会导致网站流量下滑严重。作为客服人员要及时解决买家的问题,遇到差评也要第一时间处理,尽可能让后面的买家给予好评,将差评压下去。

一个线上渠道的运营,需要一个团队紧密配合,线上渠道的最大优势是属于公司自己的电商平台,可以自由发挥,少了很多平台的拘束和各种费用,这是先天的优势,但是如果没有流量,没有固定用户,没有做好基本运营工作,把一个线上渠道做起来,真的很难!对于以上五个基本工作,每一个都不可轻视,规规矩矩做好,才是上策!

7.2.4 王府井百货的线上策略

1955年,新中国第一百货"北京市百货大楼"的成立(见图7-14),开启了王府井集团60多年的企业发展史。历经数次变革,王府井集团成为当代中国商业发展进程中,最具代表性的大型零售集团,1994年在上海证券交易所挂牌上市。目前已建立了覆盖中国七大经济区域的门店网络,在中国28个城市开设了45家大型零售门店;经营范围从传统单一的百货业,扩展到购物中心、奥特莱斯等多种零售业态组合。王府井集团最初专注于做百货零售业,2016年有所变化。公司不仅去掉了原来的公司名"北京王府井百货"中的"北京"两字(见图7-15),开始在全国进行连锁化、规模化扩张;也把"百货"两字去掉了,进行多业态发展,包括百货、购物中心、奥特莱斯、超市和电商业务等,"不把鸡蛋都放在一个篮子里,以防抗风险能力降低"。所以从2016年初,公司新名字叫"王府井集团"。

图7-14 王府井集团的前身——北京市百货大楼

图7-15　王府井百货实体店外观

(1) 成立电子商务公司。

传统线下零售业一年不如一年,每年的销售额都在持续下滑,但是也还有一点希望,即传统线下零售业与线上零售业正在"接轨"(即O2O),而且线上零售业的增速在下滑,传统线下零售业的下滑速度在收敛,在这个趋势下,用各种各样的零售方式与顾客消费行为(不管是线上还是线下)更加匹配,这就是当前零售业应该做的。

2010年商务部表示将加大政策支持对网络购物消费的力度从而增强国内消费对经济增长的促进作用,并强调了建立正规专业的电子商务企业的重要性,表示将培育一批实力强、运作规范的专业网络购物企业,建设交易商品丰富、服务内容多样的新型商业网站,大力发展服装、家电、家居装潢、图书音像等适宜网上交易的商品销售。王府井百货集团有幸被列入国家在电子商务上扶持企业名单。2011年,北京王府井百货集团北京网尚电子商务有限责任公司正式注册成立。王府井百货电子商务公司定位于面向品位、品质、时尚和追求购物乐趣消费者的B2C精品购物平台。依托王府井百货品牌优势,充分借助实体店的品牌和商品资源优势，以成熟品类为切入点，以互联网技术和营销创新为驱动力，以客户体验为基本，以商务智能为支撑，建立系统的独立的电子商务运营体系；重点经营国际、国内知名品牌、流行品牌、网络热销商品和自有品牌商品等百货商品；为顾客带来更加丰富的商品选择、诚信便捷的服务和分享互动式的购物体验。

电子商务作为王府井百货集团的重要战略性规划项目，前期投资一亿元，以通过电子商务的建设，顺应市场和消费的潮流，积极拓展新一代消费者的需求潜能，形成以顾客为中心的业务模式的加速器；通过建立全价值链的新型业务模式增强公司业务发展的推动力；建立完整的网络零售服务体系构筑未来企业竞争的支撑点。力争通过电子商务项目形成王府井百货集团公司新的业务增长点，促进中国第一百货企业目标的实现。

为了实现王府井百货集团和电子商务公司战略和业务目标，满足公司的业务规划和需求，集团旨在打造一个以客户为中心，从功能层面、交互层面、心理满足层面等满足消费者对于网上商城的需求和希望，提供真正有用、好用并且想用的网上购物平台，给顾客一种前端的卓越体验。有效地利用实体店资源，实现线上线下销售的整合，支持跨渠道的销售模式，实现线上线下用户服务的整合，提供跨渠道的统一的用户体验。

（2）从整合线上线下全渠道开始的战略转型。

在"互联网+"的热潮下，王府井集团也在思考自己的优势到底是什么？现在还有什么样的资源优势？哪些优势需要强化？基于此，2014年王府井集团提出了第三次战略转型，以整合线上线下资源的全渠道建设项目（见图7-16）为抓手，目标是形成兼具实体商场与线上运营能力的大型现代零售集团。从消费者的角度来看，全渠道的目标是凡是有顾客接触的点，无论实体店、网店、移动商店、社交媒体，消费者都可以找到王府井，并以统一身份获得同样的体验。

1）建立自己的流量综合平台。

2014年王府井集团初步完成全渠道项目的目标、路径和实施方案。从落地角度来说，王府井集团正在建设线上线下一体化的用户流量平台；打通线上线下经营的用户触达、营销互动、商品交付、交易支付、数据流通五个通路；形成规模数据和连锁经营基础上的个性化的连接线上线下的综合服务平台。总体来说，也就是"一个平台，五大通路，两大特色，回归本质"。

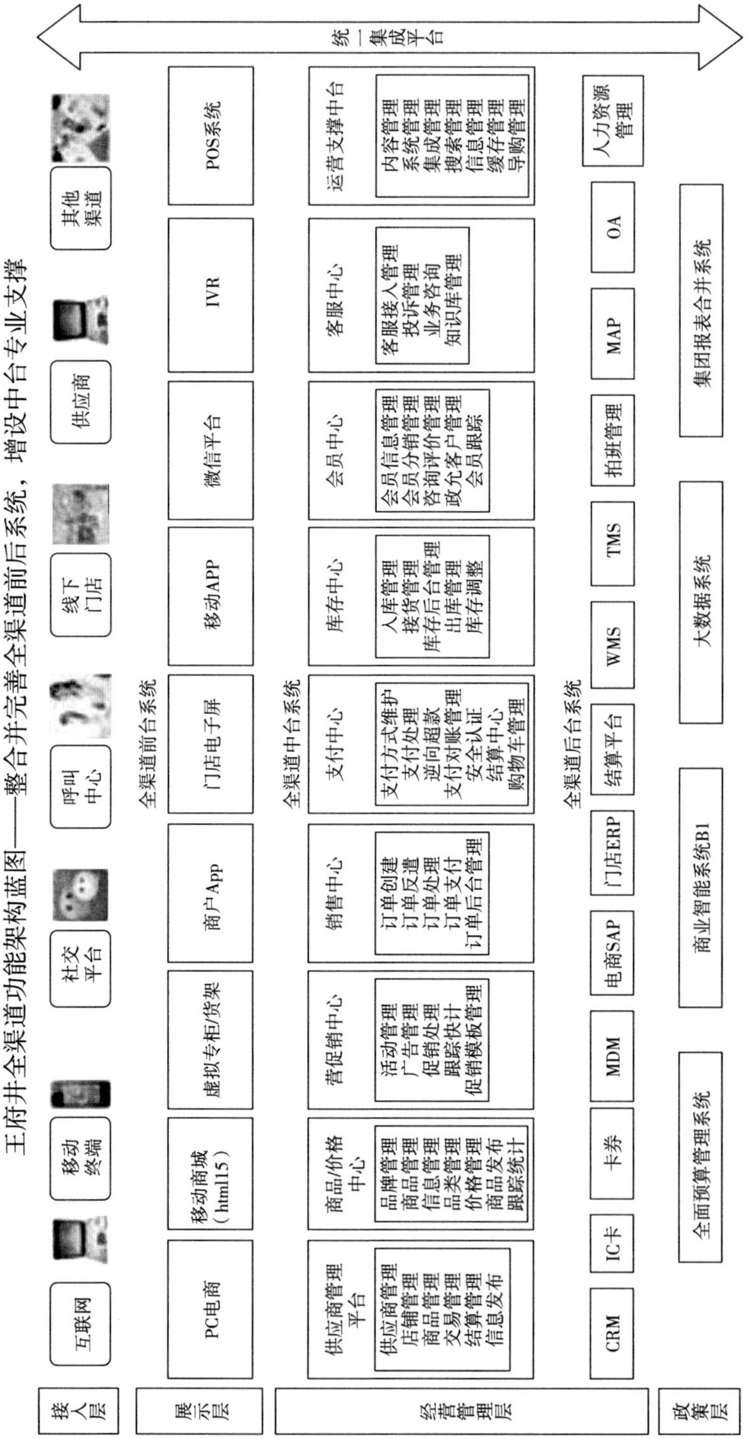

图 7-16 王府井全渠道功能架构

7 中小型实体百货店全渠道零售的构建

王府井集团为什么要打造流量平台？因为传统线下零售业现在最大的困惑是没有人去实体店逛街了，或者说逛街的人少了。没有人，就没有生意。讨论来讨论去，集团认为"引流、找流都不是主流，最重要的是需要建立自己的流量平台，完全服务于线下实体店的流量平台，这个平台才是零售企业真正的未来。如果没有这个平台，零售企业就没有未来"。

为了建立这样的流量平台，王府井集团需要建立从顾客到平台的五条通路，即打通线上线下的用户触达、营销互动、商品交付、交易支付、数据流通，建立跨渠道经营能力。

第一条通路是渠道的强化。即无论是通过地面店、网店、移动商店、社交媒体等任何渠道，消费者都可以找到王府井，并以统一身份获得同样的体验。王府井集团相继上线了王府井网上商城、云店、微店，以及在天猫、聚美优品、京东等电商平台上开店。

第二条通路是营销互动。实体店目前面临着各方面的挑战，因此非常需要通过一系列营销活动加强和顾客之间的互动，这种互动场景可以增强与顾客之间的黏性，因此非常重要。

第三条通路是商品交互。即围绕着商品提供相关服务，如线上销售，线下送货到家，或者店内提货等，由于顾客的消费行为多变，因此需要给顾客提供更多选项。

第四条通路是交易支付。例如，线下实体店发放的 IC 卡，原来是消费者作为绑定自己消费的一张预付费卡，但是目前也需要与线上支付体系打通，实现线上、线下一体化的支付能力。

第五条通路是数据流通。前面四个方面的线上、线下一体化的实现，最终需要底层基础数据统一标准。

总之，一个全渠道的流量平台需要五条通路的支撑，只有这样，才能真正实现全渠道的一体化运营。

王府井集团的全渠道建设具有两大特色。一个是基于零售人、货、场的规模数据实现个性化销售。传统零售业在商品交付过程中无法做到"人、货、场之间的匹配"，而在基于互联网的全渠道体系下，则可以很容易实现"人、货、场之间的匹配"，因此可以进行个性化推荐、个性化售卖和促销。另一个是基于多业态、多店实现规模经营。今后，王府井集团大概还要开设五六个购物中心。基于多业态下形成的流量平台，可以把各种业态的顾客打通进行销售，从而促进整体业绩提升。

2) 五种用技术改变的业务模式。

目前，王府井集团已经建立了一个以微信公众号为核心的用户流量平台，集团各门店的微信公众号及粉丝群粉丝总量过百万，逐渐形成公众号矩阵式管理。微信号和App两个渠道解决的问题各有侧重，如利用微信可以服务更多的大客户群，所以王府井集团选择从四个方面建立移动流量平台：微信登录Wi-Fi自然增长粉丝、微信支付（POS微信支付，30万粉丝）、电子会员卡（会员无卡化体验）、微信地图导视（导航、路径推荐、浏览兴趣信息收集），通过这4条路径或者是渠道，把微信客户导流到门店。目前，上述做法已经在9家门店进行试点，效果不错。

王府井集团也引入了iBeacon，建立了beacon互动场景营销平台。iBeacon是苹果公司开发的一种通过低功耗蓝牙技术进行一个十分精确的微定位技术，其工作方式是，配备有iBeacon协议的低功耗蓝牙设备向周围发送自己特有的ID，接收到该ID的应用软件会根据该ID采取一些行动。在iBeacon信号覆盖的范围（50~80米）内，用户可以通过微信或者定制开发的应用程序获取到iBeacon的信息。当iBeacon贴在商户的门店之内就可以发送优惠券、红包；当iBeacon贴在景区的不同景点就可以作为一个导游等。

在30家门店安装5000余个beacon设备，并通过品牌合作、资源置换等形式，在日常营销中增设体验券，培养顾客进店摇券的习惯。2016年1~7月，23家门店共计组织87次互动场景营销活动，互动总量达到86.6万次，参与人数近5万人。例如，西安1店摇电影票、长安商场摇美食券、右安门店摇VR体验券等。通过iBeacon，各家门店进行营销推广活动，慢慢地形成一种乐趣，让原来静悄悄的卖场人多起来。经过一段时间的试点，iBeacon本身不仅仅是一个连接，更是一套移动互动体系，虽然技术含量没有多高，但可以让门店和顾客之间真正互动起来，形成了一个非常好的互动渠道。

王府井集团还开展了微信页面互动游戏营销。2016年1~7月，19家门店共计组织36次微信H5互动游戏营销活动，活动参与50余万人次，门店创意策划与互动游戏结合积累粉丝，引发新媒体传播。

王府井集团还在6家门店开通微信商城。例如，1980万元核销额的团购券，通过线上预付、到店核销,吸纳粉丝,预付消费;实物购买的粉丝达到 18.7 万人,通过店内爆款扫码购、提高了联单率;通过在线支付、送货上门,扩大了商品销售辐射范围和频次,提高了门店商品转化率。

在互动媒体屏方面的尝试效果也非常好。互动屏是基于 Android OS 核心,与服务器保持通信的大型 LED 显示屏幕,主要用于向顾客投射商场希望的促销、优惠等信息。所有与屏幕的互动使用手机发生,保证了并发复用、手机自带的微信 ID 有便捷的身份验证功能,无须在屏幕上登录账号,操作简便,同时避免隐私信息外泄。目前成都两家店,北京赛特、北京赛特奥莱、乐山店等已经上线。互动媒体屏可以提高顾客参与度、延长顾客的逗留时间,吸粉或者传播的效果特别好。

3) 从"业务导向"转向"客户导向"。

首先,全渠道项目是一个牵一发而动全身的、全面运营体系的变化,必须对企业业务进行全面整合,包括渠道、商品、支付、营销和数据等资源。其次,企业运营的"双线指引",即过去传统企业非常重视业务线,甚至某些传统企业因为某个业务点上强有力的竞争力,而显得非常强势;大多数企业几乎不怎么重视用户线的用户需求。而"互联网+"所带给我们的,或者说全渠道建设,需要企业以顾客的用户线为核心来进行运营,需要研究顾客需求,而不是简简单单地把商品卖给顾客。这也是王府井集团建立流量平台的真正目标,而不是一个简单的卖货平台。

在"互联网+"热潮下,随着企业从"业务导向"转向"客户导向",对企业 IT 建设提出了新的要求。

首先,建立以用户为中心的企业经营的 IT 建设方向,围绕这个需求,IT 部门可发挥的作用就更大了。

其次,CIO 的底线是什么?CIO 一直疲于奔命,在"互联网+"热潮下,企业今天要这样做,明天要那样做,在这种情况下,CIO 需要冷静下来,坚持一个方向,打牢基础,所以最需要坚持的三个方面:一是明白企业的核心未来是什么?二是技术实现的体系完整性。三是数据的标准化。

最后,理解零售行业的高科技属性。未来的企业其实都需要"高科技"这个属性,主要体现在顾客的体验、数据的收集、数据的应用和数据的分析等方面。这也涉及 CIO 的转型问题,这要求 CIO 是技术专家和行业专家,既能够在行业内研发出比较牛的技术,还能够用好这些技术,包括看得懂行业数据、顾客数据,并能够用好数据。

对于任何一个行业来说,未来必将是数据和科技之间的融合,最终产生一个行业智能化的未来,这也要求 CIO 及时转型,借助科技的力量,推动整个行业的进步。

(3) 全渠道中心的成立。

2016 年 11 月 14 日,王府井集团总部发布消息:合并市场部、电商公司和全渠道项目组,成立全渠道中心。成立全渠道中心是集团总部机构调整的组成部分,王府井从集团层面重新定义了未来零售的方向。此前成立的全渠道项目组使命已经结束,该项目组用 3 年左右的时间,搭建了全渠道建设的基础,达成了预期目标,主要包括:强化了集团对全渠道建设的理解;明确了全渠道建设的目标和任务;明确了当下急于解决的工作目标,其中也包括必要的反思。

全渠道中心的建立是王府井集团面向未来的战略性选择,是集团努力实现的梦想。如果不能提升商品与顾客的经营能力,王府井就仍然是传统零售企业。当前,O2O 模式已经是市场的主流,互联网技术从高大上不断向应用下沉;同时社交媒体的兴起方兴未艾,如果把社交媒体与现实的服务相结合,就代表着行业的颠覆。

成立全渠道中心的目的就是紧紧围绕以顾客需求为核心,强化顾客经营能力。原市场部的职能将从平面化向移动端转移;原电商公司职能将从经营实体向服务实体门店转移。从经营商品向经营顾客转型,其核心就是从顾客的需求出发,决定我们买什么、卖什么。

全渠道中心成立后的重点任务,一是提高顾客经营能力,实现线上线下顾客的充分互动;二是提高渠道建设能力,通过移动支付、数据分析等手段,有效跟进新技术应用;三是加大电子商务发展力度,与实体店资源有效结合,实现重点突破;四是保留原市场部在市场推广、营销和重大公益活动方面的组织策划能力;五是实现组织机构创新,与实体店、合作方实现有效融合,发展新型组织。IT 数据部不进入全渠道中心,承担提供软、硬件的采购与维护任务。

王府井全渠道中心的定位是,建设以服务门店经营为核心的移动端 O2O 用户流量平台,70% 职责服务于门店经营,30% 职责服务于线上商品经营。在服务门店经营方面,到目前为止,王府井已经搭建了一个移动端流量平台,或者叫用户服务平台。对于顾客而言，这个平台有一个入口，就是微信服务号。王府井建了34个门店服务号矩阵，每个门店一个。2016年2个多月实现粉丝增长40万名；移动流量平台所要实现的价值首先是"连接"，即让到店用户不再失联，再基于用户的连接进一步解决"销售转化"和"到店频次"的问题。移动流量平台有三个特色：

第一，基于服务号的顾客移动入口，打通线上线下的经营元素：包括顾客沟通通路、会员通路、支付通路、商品交付通路等，而这些通路本身又构成了用户流量的闭环。

以"双十一"期间王府井集团与微信联手的34店O2O联合行动为例，活动涵盖了线上购买团购券，到店核销；微信支付即会员的电子会员招募；门店爆款在线抢购配送上门三个方面内容，满足顾客通过不同渠道享受商品服务的便捷和优惠的同时，与消费者建立了线上实时的连接。

第二，用户触点多元化，平台统一化，用户资源集中化。微信服务号在前端是低门槛的用户触点，是流量的入口。而后台的所有功能，如会员卡、优惠券及到店核销、微信登录Wi-Fi，则是基于集团统一化运营平台，与线下零售的会员系统、POS系统、财务系统深度整合，而用户资源最终在集团统一的用户账户和会员系统中归集沉淀。

第三，还粉丝于门店，深度打造本地化用户服务平台。王府井的实体门店大多是城市商业翘楚，在所属商圈，乃至所属城市有着丰富的品牌商誉积累和用户资源积累，而移动用户流量平台也要首先放大这一优势，赋予门店经营用户，服务用户的通路和主导权。

用户流量平台的建设是王府井全渠道的起步点，在此基础之上是进一步建立提升零售企业本身的数据积累和数据驱动运营的能力，形成在互联网时代的新零售能力。

（4）商品经营职能。

目前，王府井集团有百货、超市、奥特莱斯（见图7-17）、购物中心四大业态，每个业态都有管理公司或者事业部，所有的经营权都下放到各业态的事业部，再到门店。但所有跨渠道的营销，包括线上线下互动的营销，所有会员和用户权益体系的管理，均由集团全渠道部门统一统筹，提供产品、流程、制度以及实施服务。王府井全渠道中心现阶段保留了商品经营职能，其立意有二，一方面，通过商品销售吸引客流、黏住客流、汇聚具有购买心智的用户；另一方面，通过线上平台培育新型供应链，创新商品经营能力。未来的商品销售渠道一定是线上线下并行的，零售商要具备双线服务的基本能力。但这并不是指顾客线上下单，到店提货；线下购物，再送货上门这样"牵强"的场景，而是忠于用户选择和对不同渠道的不同诉求：线上买，买方便；线下买，买体验。

图 7-17　王府井集团四大业态之一——奥特莱斯

结合其全渠道战略，王府井集团商品经营职能有以下两个特点：

第一，供应链能力的超前性。2016 年王府井纯线上销售预计 1.5 亿元左右，这其中有 90% 是 B2C 自营模式，通过品牌直采直销、跨境采购的方式缩短商品供应链，降低成本，为消费者提供质优价廉的商品。

第二，与实体门店经营的互补性。线上渠道可以延展门店的销售半径。同

7 中小型实体百货店全渠道零售的构建

时，门店受经营空间影响，没有足够面积作品牌的蓄水池。

（5）值得借鉴的经验。

1）传统实体零售行业的基础 IT 系统要提升。

首先，实体零售原来的系统是 CS 架构，在本地电脑装个用户端，而不是互联网直接访问。因此，要调整为 BS 架构。其次，分布式部署要变成集中式部署。互联网对时效性要求太高，以前每个门店有一个前台服务器，本地的活动在门店进行就足够了。但全国性、大集中的活动，要使用通用的会员卡、储值卡，则要从总部数据库来调。最后，要接入互联网。实体零售原来功能只限于店内，现在则需要建一个互联网的应用层，并且将这个应用层与传统的系统打通。

2）业务架构全渠道转型。

打造线上线下互动的用户流量，首要的是顾客转化。即如何通过线上渠道获得新客，尤其是年轻顾客。王府井构建了基于微信的移动流量平台。也通过跨渠道的整合营销平台拉新。最近一次跨渠道营销活动是，王府井与百度地图的战略合作。

通过抽奖、LBS 的曝光展示等方式，将门店周边 3~5 千米的百度地图用户变成王府井纯新客电子用户。这种方式很多零售企业都在做。但王府井的优势是品牌价值，以及位于核心商圈的门店资源。

据《商业观察家》了解到的情况，王府井的品牌价值在获客成本层面创造了价值。一方面，百度地图希望打造能推广全国的"流量变现"典型案例。王府井是个极好标的。所以百度地图给出丰富资源支持。另一方面，王府井品牌在线下有号召力。如果是纯新品牌，即便是送礼品，顾客可能都不会进店。"现在，线上渠道获得一个交易产生的新客成本在百元以上。而王府井借着金字招牌，获客成本远没那么高。"

3）门店数字化。

经营手段的数字化。例如，顾客到店，利用 Wi-Fi 就可以识别顾客，记录顾客的访问轨迹；而 H5 互动营销、摇一摇位置营销、移动支付等电子化的经营手段则能在提高店内便捷性、趣味性的同时，更进一步了解顾客，实现用户洞察，通过电子凭证、公众号推送等实现千人千面的精准推送。

经营过程的数字化驱动。数据驱动经营可以体现在很多业务环节中：例如，为品牌供应商提供更为丰富的用户画像和更为精准营销服务；为市场人员提供更为可视化的投放转化监控；为营销运营人员提供更为高效的营销工具。

7.3 App 渠道

App 是英文 Application 的简称。App 渠道是通过特制手机、社区、SNS 等平台上运行的应用程序来开展销售活动。比较著名的 App 商店有 Apple 的 iTunes 商店，Android 的 Android Market，诺基亚的 Ovi Store，还有 Blackberry 用户的 BlackBerry App World，以及微软的应用商城。

App 渠道作为一种新型零售模式，以其独特而巨大的营销价值，给社会各行各业带来了更多的发展机会，引领它们走向移动电子商务时代下经济发展的春天，开启了零售领域的新时代。

对 App 营销的十大特点进行详细的图解分析，如图 7-18 所示。

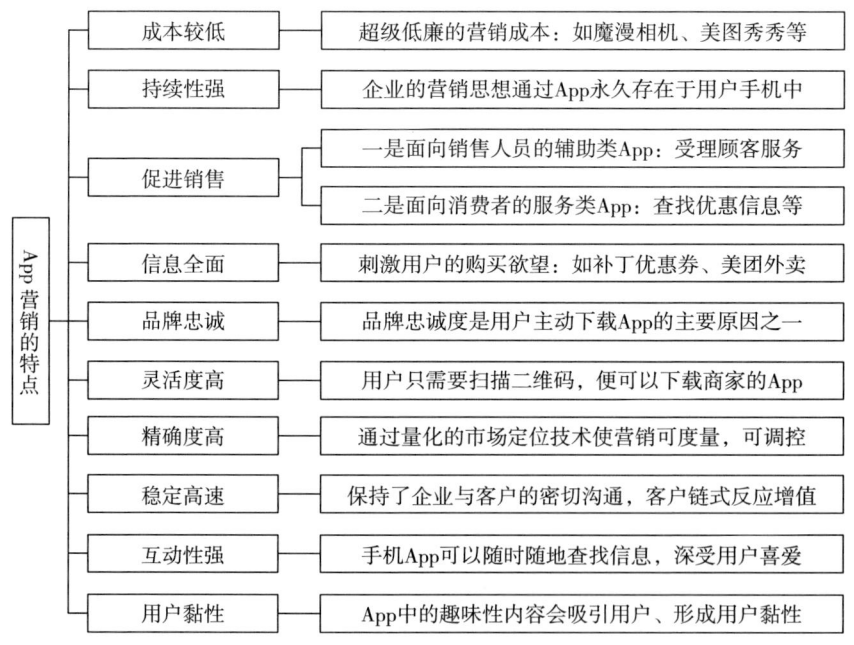

图 7-18 App 营销的特点

App 作为一种新型营销工具，在推广成本、效率方面，以及收集和保存客户信息等方面，都远远优于传统营销模式。开发优秀的 App，能让客户得到优良的体验和感受,从而形成对企业品牌的认同感,变成企业稳定而忠诚的粉丝。

目前,手机App的应用数量已经开始了爆炸式的增长。面对这种情况,如何高速、有效地推广一款App,已成为很关键的问题。

这里总结了App营销的十大推广渠道,详细的图解分析如图7-19所示。

图7-19 App营销推广途径

在移动互联网环境下,消费者进入信息爆炸时代,信息具有传播快、发布成本和搜寻成本极低等特征,具有极强的外部性,使消费者能够有条件地主动搜寻产品和企业的信息,及时与商家进行沟通和交流,并积极地分享信息,使之前消费者的单向、线性、被动的消费行为模式转变为互动式的网络消费行为模式,购买不是消费的终点,消费者反馈和分享成为网络环境下消费行为的重要表现。应用场景、信息传播路径、用户消费触点等发生了显著的变化,消费者与企业之间形成多维互动交流模式,消费行为更加复杂化,要有一套相应的营销策略来应对移动互联网环境下App渠道的相关营销活动。

7.3.1 目标用户定位明确

一个App在渠道运营之前,甚至是开放之前,就应该明白该款App要为谁服务(Who,即目标客户),这是一个市场细分与目标市场选择的过程。在市场分化的今天，任何一家公司和任何一种产品的目标顾客都不可能是所有的人，对于选择目标顾客的过程，需要确定细分市场的标准对整体市场进行细分，对细分后的市场进行评估，最终确定所选择的目标市场。

小红书（见图7-20）的目标用户是具有中高消费能力的年轻女性，定位明确，同时这一部分人群的收入水平使其消费能力和消费意愿极高。其瞄准的市场是海外中高档女性商品的销售领域，市场细分，竞争对手较少，对于初创产品和公司来说这点很有必要。从传统商业到现在的互联网产业，女性都被公认为潮流的引导者，喜爱"逛"和购物的天性配上对应收入带来的经济条件使其具有更高的消费力。因此，小红书目前的用户主体是一线城市的年轻女性白领或学生，可以说是经济实力和消费意愿的高效结合。同时特征明显的用户带来的是社区讨论更多集中在护肤美妆、包包、保健品等女性话题上，数码、户外等商品讨论则相对冷门，同样也使小红书在一些用户重叠率较高的时尚、旅游圈内享有一定的知名度。据调查，2018年新用户中有超过70%是"90后"的年轻用户，40%以上是"95后"。在这些用户中又以女生为主要用户，因为女生喜欢"晒"物，喜欢通过"晒"物去完善自己对时尚的了解，提高自己的购物标准，通过"晒"物来记录生活的美好。所以，将年轻的中高端消费的女性定位为主要消费群体，可以利用高质量的社交吸引更多人的关注。

图7-20 小红书的展示

7.3.2 品牌形象树立

在用户感知到企业形象塑造阶段,首先要吸引顾客,树立企业形象,让顾客对企业产生深刻印象。因此,企业要利用 App 营销建立与顾客的长期沟通和信任关系,并使顾客对 App 产生一定的依赖感,增加用户对手机 App 的黏度。具体来说,可以从以下三个方面入手:第一,App 的 LOGO 设计要在视觉感官上做到个性化,与企业品牌形象相符合,便于消费者形成一定的品牌认知。第二,从感知用户需求角度出发整合 App 的功能,如一款旅游 App,只给用户提供旅游产品和服务的相关信息是不够的,用户通常还需要了解服务质量信息、消费者体验信息、实时通知信息等,增强用户对该 App 的品牌感知度。第三,利用新的创意来创新 App,丰富用户的使用体验。在 App 雷同的环境下,消费者对该款 App 一定没有特别深刻的印象,因此,App 要不断创新,美化其运行界面,加入更加简捷和人性化的功能,提升用户认知度。小红书 App 界面如图 7-21 所示。

图 7-21 小红书 App 界面

7.3.3 内容营销

在用户兴趣的内容营销设计阶段，一方面，可以通过 App 营销中的图片、内容、视频等用户感兴趣的内容引起关注，可以采用朋友圈分享、转发、时机分享等方式来扩大信息的受众面和传播渠道，吸引更多的潜在消费者；另一方面，要从消费者的真实需求出发，设计对消费者而言具有独特价值和实用性的内容（见图 7 – 22）。

图 7 – 22　小红书的内容营销

在小红书中用户被称为"小红薯",客服用"薯队长"这种可爱的称呼拉近用户,用好闺蜜的口气来讲产品。小红书给一些产品也有取一些可爱的昵称,比如把 LA MER 叫成"腊梅",雅诗兰黛称为"小棕瓶",使用户对产品产生兴趣并更好地记住产品。小红书还擅长结合网络流行词来推广,如"客户都是爸爸""我还是个宝宝"等。小红书的标题一般都是以结果为导向,快狠准抓住消费者的首要痛点,给出使用产品后的美好结果。例如,小红书上一个护手霜的标题是:手霜 +5 天 = 嫩手,标题以这种准确而快速的时间,容易使用户看到就想跃跃欲试。小红书快递盒上的公告词也都是超级幽默诙谐的,如"今天的心情,三分天注定,七分靠 shopping""不在乎天长地久,只想立刻买到手""出来混,包迟早要换的";有些还改编歌词"天青色的烟雨,而我在等快递""很爱很爱你,只有让你在购物车里才安心";还有针对开学季推出的"考的全会,买的全对""饱读诗书的孩子都是从小红书读起的";还有"符咒"版的"今天不用上班符""抢红包百发百中符""霸道总裁爱上我符"。

7.3.4 互动营销

在进行购买—互动营销阶段,从使用的角度来看,App 的操作界面应该更加便捷化,同时 App 营销中还应当根据不同的产品和服务特性推出不同的刺激购买和互动策略。根据 App 的营销对象不同,可以将其划分为低陷入性商品和高陷入性商品。低陷入性商品通常价格不高,功能和使用方法等比较简单明了,如常见的生活用品等快速消费品。对于这类商品利用 App 展开营销时引起消费者的购买冲动是关键环节,这时可以采用一些常规的促销手段在 App 上进行展示说明,如限时低价、赠品、免费体验等。同时,也可以采用一些简单的游戏互动方式来促使消费者购买。例如,星巴克的移动手机 App "alarm clock"(见图 7 - 23),通过建立一种特殊的 App 闹铃,用户只需要在设定时间起床并关掉闹铃,就可以获得一颗星,并且能从任何一家星巴克获得一杯打折咖啡。建立对话渠道的缩影,以提醒客户从睁开眼睛那一刻开始便会联想到这个品牌,在服务客户的同时巧妙促销,也实现了将品牌深深植入用户的心里。千万不要小看这款 App,他让你从睁开眼的那一刻便与这个品牌联系在一起,或许是 2012 年最成功的,也是影响力最大的创意 App 之一。

图 7-23　星巴克的移动手机 App "alarm clock"

7.3.5　口碑营销策略

在体验分享—口碑营销阶段，在 App 平台中，口碑营销不单是购买后的评价传播过程，更是贯穿于整个购买过程的营销传播活动。潜在消费者在利用 App 端的评价来作出自己的购买决策之后，也会通过自身的使用体验，形成自己的主观评价，同时在 App 端进行分享和传播。因此，每一次的购买行为发生既是购买的终点，又是另一次购买行为的起点。对此，一方面要利用 App 的搜索功能或其他专业的监测工具对用户的点评进行实时的监测，另一方面要对好评率、响应度、参与度等指标进行更新统计。在 App 营销中，用户的评价将会是一个很重要的决策依据，只有在用户评价和人人分享之间建立一个良性循环的口碑，才能实现更好的用户感知体验分享。一方面，对于出现的差评应当及时处理和沟通，如果处理得当，用户形成好的补充评价，将会对正面口碑传播产生正向的扩大效应。另一方面，通过名人效应来推动正面口碑的传播，如引入名人的使用体验、名人的个人感知评价，或者以图片、视频等形式在 App 上进行展示，能够对正向口碑传播起到进一步的扩大效果。

移动 App 营销的开展，需要围绕着用户的需求，时刻关注用户体验。企业开展 App 营销活动，需要对企业的目标客户进行细分与定位，确定 App 营销的目标。企业应当及时更新用户体验，对 App 功能进行整合，提升用户黏度。由于当前 App 营销活动传播速度快，企业开展 App 营销需要不断地创新，丰富用户体验，及时更新 App 营销推广的内容。

7.4 新媒体渠道

随着互联网的高速发展，新媒体应运而生，它是指利用新媒体平台进行营销的模式。区别于传统媒体营销媒体（泛指电视媒体、平面媒体、电台广播等广告传播方式等），新媒体营销指微信、微博、论坛、搜索引擎、在线直播等传播方式。新媒体营销改变了人们的营销思维，企业在自媒体平台、微博平台、问答平台、视频平台等传播渠道上进行信息传播。如今，想要拓展渠道，自然是不能忽视新媒体的力量，要在多个平台上引流吸粉。在公众号、今日头条、百家号、大鱼号、知乎等领域，都能够发表自己的软文，实现引流的作用。当然，在短视频、直播这么火的今天，可以自己来拍摄，宣传自己的店铺，也可以找些网红来帮忙打广告宣传，都是很不错的途径。

新媒体是在互联网上基于用户关系的内容生产与交换平台，是人们彼此之间用来分享意见、见解、经验和观点的工具和平台，是大批网民自发贡献、提取、创造新闻资讯，然后传播的过程。新媒体在互联网的沃土上蓬勃发展，爆发出令人眩目的能量，其传播的信息已成为人们浏览互联网的重要内容，不仅制造了人们社交生活中争相讨论的一个又一个热门话题，进而吸引传统媒体争相跟进。

7.4.1 新媒体的特征

（1）把人际关系作为经营重点。

与传统媒体不同，依托互联网平台的新媒体具有强大的连接能力，能够极大地把传播触角伸到世界各地的用户中去。基于这个特性，新媒体重视打造以人际关系网络为核心的传播路径。脸书（Facebook）、推特（Twitter）、微信（Wechat）等媒体，善于利用现实世界中的人际关系来建立虚拟关系网络。例如，脸书设置的好友添加功能、好友照片身份识别等，不断地鼓励用户建立自己的朋友圈子，并把这些联系转移到虚拟世界中来管理，来绑定更多的用户。同时，基于网络用户间的一种分享文化，新媒体还设计出五花八门的小应用，来增强朋友之间的互动性。又如，脸书的点赞功能和活动发起功能，推动产生更多的关注度，培养用户互动习惯，并与线下活动紧密相连。由此，虚拟的社交圈成了维持现实中社交关系的重要一环。

值得关注的是，在网络世界中，关系即信息，也是传播和营销的核心。在关系网络的营销上，领英（Linked In）表现卓越。它对职业关系网的价值进行深度挖掘，通过收集真实度极高的用户信息，直接从各层次的职业关系链中进行营销、订阅收费。除职业圈外，各式各样的关系网所衍生出来的兴趣圈和小型网络社区也是社交媒体精准营销的平台。

（2）用户是内容生产者、消费者，也是传播者。

研究表明，在美国，人们获取信息的习惯1/3是从各类分享中开始的。而分享后进行有目的的深度阅读的行为高达70%。许多人相信，朋友所分享的消息和产品比马路上的广告更具有说服力。读者在传统意义上仅是内容消费者，而社交媒体则打破了生产、消费、传播的界限。用户既可以充当消费者，又可以充当内容生产者（如在微信朋友圈发布所见所闻所想，对某个产品进行点评等），同时积极扮演传播者的角色（如转发某篇文章、某个视频等）。而新媒体本身则弱化了内容生产功能，大多数是平台的提供者，让用户深度参与内容的制作生产，并利用他们自身的人际关系来实现传播。这些媒体更多地将关注点放在如何吸引用户、提升用户活跃度、黏着性上。

（3）让数据说话。

大多数成功的新媒体背后都拥有强大数据挖掘技术的支持。新媒体平台每天都能产生海量的数据，数据处理技术与这些能吸纳大量的用户资料和行为数据的新媒体紧密结合，能够给商业带来更精准的用户分析和预测。因此，许多新媒体公司尤其关注数据库的开发运用、分析用户喜好和习惯，计算并预测出消费行为来进行精准营销。

目前，许多新媒体都能为各类企业提供消费者资料和购买趋势等信息，并把这些信息连接到各类消费品牌上。像拥有庞大用户量和点击率的脸书、推特、微信，已经成为网上购物的主要渠道。

值得注意的是，目前已有大量的新软件和工具被开发出来，用以实时追踪多个社交平台的数据，让企业能迅速提升用户服务。例如，国外一款在线互联网内容筛选工具，能让用户了解流行的话题内容和受内容影响的人数。它可以监控多个主要社交平台。可以想象的是，未来的企业营销活动也许再不用推销员满大街跑，只要利用好新媒体后台的数据，就能够实现更为精准的营销。

（4）注重内容的独特性。

回归到内容生产本身，主流新媒体倡导"人人都可能成为内容生产者"，但实际上在信息泛滥的网络上，分享的内容五花八门，质量参差不齐。一些关注度极高的新媒体，内容上很重要的一个卖点便是高度个性化。个性化可以体现在独特的文风和视角上。例如，极受欢迎的微信个人公众号"黎贝卡的异想世界""六神磊磊读金庸""灵魂有香气的女子"等，都是靠着特色极强的写作风格和个性化的审美风格获得大众喜爱的。这在很大程度上迎合了消费者求新求异的心理。消费时代的用户，讨厌一成不变，讨厌普遍适用的大众论调，导致主流和非主流文化并存的局面。而新媒体勇于迎合这一需求，如 Facebook 开发了"dislike"的反点赞功能，让用户可以表达出更多倾向性意见。而多元价值观的塑造，甚至是一些非主流价值观的供应，实际上也是新媒体为用户提供更多的生活方式和社交模式的一种策略。

7.4.2 微信营销

简单地说，微信营销就营销的主体利用微信所进行的营销活动，支持"跨通信运营商、跨操作系统平台通过网络快速发送免费（需消耗少量网络流量）语音短信、视频、图片和文字"，同时，也可以使用共享流媒体内容的资料和基于位置的社交插件"摇一摇""漂流瓶""小程序""公众平台""语音记事本"等服务插件。微信营销就是指营销的主体，利用微信中的"朋友圈""公众平台""微推广""微分享"将产品的信息推送出去，同时利用"微信公众号"中的在线订购、在线服务等功能向消费者销售产品。目前更是推荐实体店通过"微信公众号+小程序"的方式开展线上渠道。当消费者在实体店消费的时候，可以引导客户关注自己的公众号或者进入自己的小程序，这样在客户没有时间来店铺或者不想出门的时候，客户就能够在线上下单了。将小程序商城绑定到公众号的菜单上，就无须再建公众号的商城了，并且还等于实体店在线上多了一个小程序的入口，这对于实体店来说，是最划算的方式了。

微信营销案例：

老李炒鸡店

老李开了一个炒鸡店，前一段时间遇到一个大问题——没顾客。于是老李请了一家策划公司，给他策划了一套不一样的营销方法，老李炒鸡店由原来只有30多平方米的店，日销2万元，到100平方米的店，一年营收过千万元，且全部都是靠自己平台运营。具体是怎么实现的呢？

首先按照要求，炒鸡店做了300张体验卡，因为最近周边开了几家新店虽然不是炒鸡店，但是影响还是很大的，毕竟都是客单价差不多的店，顾客资源有限，多一个店就会分流一些顾客，再说了，顾客看到新店去尝尝鲜，这是在所难免的，但是，这一尝，至少本次消费的现金就流到其他店了。

流失的顾客越来越多，这时候，老李手机里好友的人数也到了3000多个好友，比起原来几百个，多了许多，至少有了基础，他决定做一次客户引流。

第一，先写好一篇引流的文章，这至关重要，来顾客难，留住更难，来了留不住，钱就白花了。

第二，做好储值卡的全部准备，虽然只发出300张卡，但是引流来的顾客是倍增的，至少也会是3倍也就是要接近1000人了。所以，准备工作要扎实。

不仅是厨房，服务员和前厅销售还有收银全部按照要求进行了为期15天的培训。你会说，这不耽误时间吗？不，你做了就知道，前面练习得越好，后面成交的概率也越高。后面的会员充值就是为了前面引流成本的收回，来一个充值锁定，就可以将前期投入三倍收回，除投入的成本外，还有至少两倍的盈利。

这些前期的准备都做好以后，老李在他的朋友圈里面发布了一个互动。

先在朋友圈发一个关注店面的平台信息，在平台留言的顾客来店免费喝啤酒。免费喝设置了一个条件，留言后，需要私聊，在得到领奖确认之后，才可以到店领取免费的啤酒畅饮券。因为有大量的好友刚刚加入进来，而且，这一段时间通过学习以后，朋友圈在老李的指引下得到良好的发展，顾客互动率很高，不到20分钟就收到了200多条的留言，这比起期望的300条还有差距。这时候，人数不够怎么办？我建议他再来一次转发，要求朋友圈里的顾客把信息转发到顾客的朋友圈，然后再送一张18元吃鸡的礼券。价值118元的一份炒鸡只花18元顾客就可以获得。

要求很简单，只要将这个朋友圈信息连续转发三天，在朋友圈后留言，经过核实后，手机付款18元后，顾客得到一个领奖代码。

在下次到店就餐的时候，出示代码就可以激活这个18元吃鸡的资格，这个活动和啤酒的券可以一起累计使用，这一下子火爆了，只要不下雨，门口都是排队的，天天满座，来的晚了排队都要排几个小时，这不重要，重要的是，你即使排队了,也不一定能吃上。

老李已经笑得合不拢嘴了,一周的时间卖出去1000多张500元的卡,光是充值就收回了50万元,仅仅一周的时间。

因为排队的人多,很多顾客抱怨和不满,天天如此怨声载道,有人和他说,上个设备解决排队问题,顺便再来个二次营销,充值卖卡。既锁住了客户,又能进行二次追销,还有一个顾客之间的裂变——相互传播影响。

仅仅一个小小的方法,就让顾客在等待的时候不再烦躁不安,只要稍稍加入一点互动的因素进去,彻底地引爆。

有的顾客都叫到自己的号了,还要再来一次,才依依不舍地离开,这是什么方法呢?这个神器是抓娃娃机。就是一个抓娃娃机,没啥了不起的。其实做任何东西都是要用心的,饭店门口的娃娃机也是如此。

很多顾客流连忘返在娃娃机,即使叫号叫到自己都不急着进去吃饭,还要再抓一个,你知道为什么吗?如果你以前玩过娃娃机,你可能会有这样的感受,垃圾的很,没劲,不好玩,有些还要去换币,奖励设置的很低,中奖率是可以设置的,你知道吗?很多时候,花上10多块钱,抓来抓去根本抓不到什么。

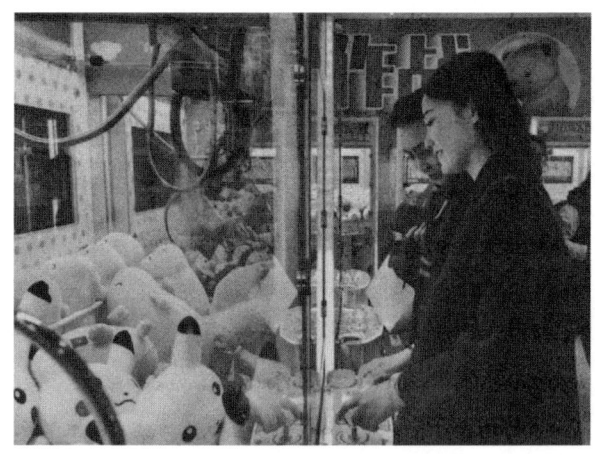

那老李这里的娃娃机,为什么有这么多人玩儿呢?

因为他动脑筋了。首先,他把娃娃机进行了改造。在上面加了一个LED屏,只要用账号登录后,上面就会显示花了多少钱,娃娃的金额是多少钱。

其次,他对娃娃机里面的娃娃进行了调整,款式都是最新的,而不像商场里面的娃娃机,款式比较老,根本没人喜欢。你会说这样成本很高啊?

是啊，成本不高，人们怎么会爱玩儿呢？自己都不稀罕的娃娃，别人会花钱去抓吗？此外，他还对娃娃机的投币进行了改造，不收硬币，全部都使用手机支付。

其实手机支付真的是个好东西，从手机里面花钱那只是个数字，大家根本不心疼，如果从口袋里掏出一个钢镚儿来，拿到手里都捏半天。改造完机器后，他又对游戏的规则进行了改造。在他这里领了排队的号以后，就赠送游戏币。

店里的会员，每次来，都可以免费玩儿一次。另外，食客对娃娃机上的平台信息进行了关注，送10个积分。还在平台里面进行了签到的设置，每天签到一次，送10个积分。

另外，转发店里面的信息和店里面的菜品以及排队的照片，送10个积分。这样算下来就了不得了，你只要是店里的会员，来排队就餐，领了号牌儿，关注了平台，转发了朋友圈，这样你就得到了40积分。

这里的规则是10个积分可以换一个游戏币，就是换一次游戏机会，那这样的话，只要是店里的会员，转发一次，关注平台就可以免费先玩四次了。免费玩儿，对顾客来说根本不是花自己的钱，那就可劲儿地去抓吧。

这样做了以后，整个店都疯狂了起来，店里的人气特别旺。开饭店，你不就是要人气吗？有了人气，锁销和追销那不都是轻而易举的吗？

7.4.3　微博营销

微博营销是指通过微博平台为商家、个人等创造价值而执行的一种营销方式，也是指商家或个人通过微博平台发现并满足用户的各类需求的商业行为方式。微博营销以微博作为营销平台，每一个听众（粉丝）都是潜在的营销对象，企业利用更新自己的微型博客向网友传播企业信息、产品信息，树立良好的企业形象和产品形象。每天更新内容就可以跟大家交流互动，或者发布大家感兴趣的话题，这样来达到营销的目的。

该营销方式注重价值的传递、内容的互动、系统的布局、准确的定位，微博的火热发展也使得其营销效果尤为显著。微博营销涉及的范围包括认证、有效粉丝、朋友、话题、名博、开放平台、整体运营等。自2012年12月后，新浪微博推出企业服务商平台，为企业在微博上进行营销提供了一定帮助。

（1）微博营销案例。

海底捞微博营销

昨天在海底捞，无意中跟朋友抱怨京东抢的奈良美智大画册怎么还没到货，结果服务员结账的时候问了我京东会员账户，今天一早三本大画册都送到了。

这条微博转发了35000多次。可能是一个无心之举，也有可能是推手为之。不过很明显的是，海底捞抓住了这个机会，在一定程度的传播后，看到机会，迅速地有更专业的公司介入到了传播。甚至打造了人类已经无法阻挡海底捞的广告语，乃至出现了海底捞体。

海底捞体的基本模板是：某天我在某海底捞吃火锅，席间我无意间说了一句……（包括但不限于愿望，情绪，抱怨，看法）在我结账时……（愿望成真，安抚情绪，如送亲制玉米饼，送贺卡文字祝福，送礼物，免单等）。

网民的自发参与制造段子，在更多程度上传播了海底捞的品牌，这恐怕是海底捞没有想到的。与此相仿的是凡客当年创造的凡客体，也是极大地点燃了用户的创作热情，从而带来了极大的品牌传播效应。

（2）微博营销策略。

1）利用热点借势和造势。

随着微博的二次崛起，企业新媒体传播的重要性愈发凸显，很多企业纷纷做起了品牌官方微信公众号，然而在众多品牌官方微信公众号中能做火的只有被誉为"蓝V总教头"的海尔。利用热点是海尔常用的手段，哪条微博上热门哪里就有海尔"妩媚"的身影。网友也纷纷开始调侃"活跃的像高仿号""现在的官博都很闲"。官方微博难道真的就那么闲吗？答案是否定的，趁热点已经是海尔常用的借势营销手段，借助热点事件是提高品牌知名度和品牌年轻化的有效手段。随着消费结构的年轻化和新媒体营销越来越普及，营销策略也只能跟随着时代的步伐才能让品牌走在行业的前端。

一个网友在微博上发文称想要购买一台豆浆机（见图7-24）。没想到的是正是这条毫无炒作痕迹的普通微博，却引来了200多个官微在评论区的一片混战（见图7-24~图7-26），该微博的转发量很快就超过12万次，评论超过9万条！

这次微博的热门事件过去之后，有人认为，企业在微博红利期高峰已过，

99%的企业账号们都开始降低更新频次，削减运营团队之时，海尔却反其道而为之，不断更新微博，在各大微博红人区抢热门评论，抢回复，与网友互动，看起来和普通"吃瓜群众"一样，在众多网友感叹的同时也再次在微博上形成了一股热潮：没想到你是这样的海尔！

图7－24　豆浆机微博

图7－25　针对九阳豆浆机的回复

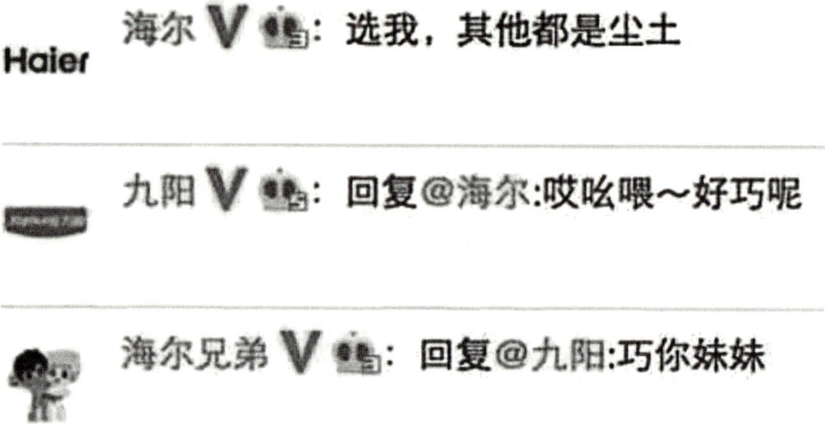

：选我，其他都是尘土

：回复@海尔:哎呦喂～好巧呢

海尔兄弟 V：回复@九阳:巧你妹妹

图 7-26　海尔针对九阳豆浆机的回复

2）制造话题。

热点蹭完了名气也收获了，海尔官方微博开始学起了制造话题。在微博制造话题中最有影响力的微博是"微博搞笑排行榜"，话题形式大部分为"今天就说说……"海尔官方微博也不甘拖后腿，也紧跟其后（见图 7-27）。

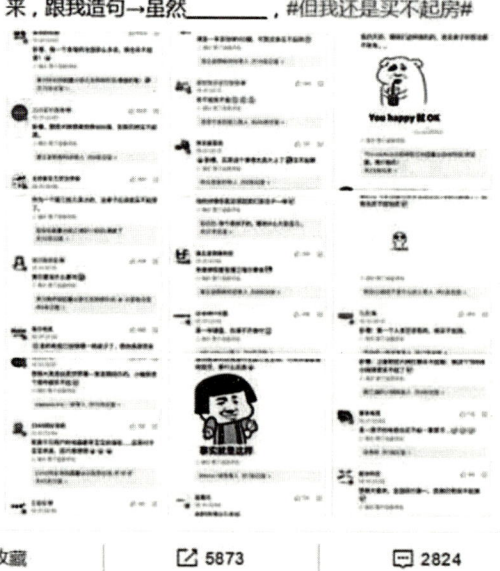

图 7-27　海尔的微博互动

3）挖掘品牌二次元优势。

海尔是国内比较早运用拟人化人物形象的企业之一。海尔创立的时候引入了德国的技术，为了代表中德合作的这个形象，海尔创立了海尔兄弟，代表中德合作的结果。海尔兄弟这个卡通人物形象见证着"80后""90后"的成长。

基于品牌年轻化的考虑，海尔举办"大画海尔兄弟"活动（见图7-28），

图7-28 海尔举办的"大画海尔兄弟"活动

通过微博的发酵传播，征集了7000多幅投稿。除新形象外，海尔官方微博更是花式使用海尔兄弟的表情包，重复出境带来的强化效果，轻松达成维护老客户、吸引新客户的目的。

4）粉丝效应。

娱乐文化的兴起造就了一批批影视明星，也引发了一批批粉丝，从而兴起了粉丝经济这股浪潮。粉丝经济带来的效应可不是一般小，巧妙将粉丝转化成粉丝经济也是新媒体营销的常用手段。海尔就紧紧抓住了这一点。海尔官博开发了代粉丝（见图7-29~图7-30）向明星表白和为明星打榜的服务，客串"粉头"的每一次发表微博都能引发该明星粉丝的积极响应，让海尔成为了无数圈粉的"自己人"。

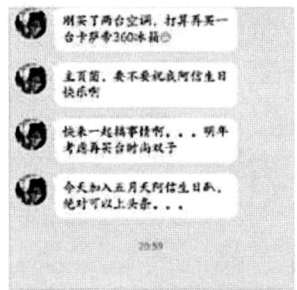

图7-29 海尔的粉丝

图7-30 海尔的粉丝效应

(3) 微博营销注意事项。

1) 注重价值的传递。

企业博客经营者首先要改变观念——企业微博的"索取"与"给予"之分，企业微博是一个给予平台。目前，企业微博数量已经以亿计算，只有那些能对浏览者创造价值的微博自身才有价值，此时企业微博才可能达到期望的商业目的。企业只有认清了这个因果关系，才可能从企业微博中受益。

2) 注重微博个性化。

微博的特点是"关系""互动"，因此，虽然是企业微博，但也切忌仅是一个官方发布消息的窗口那种冷冰冰的模式。要给人感觉像一个人，有感情、有思考、有回应，有自己的特点与个性。

浏览者觉得你的微博和其他微博差不多，或是别的微博可以替代你，都是不成功的。这和品牌与商品的定位一样，必须塑造个性，这样微博才能有很高的黏性，可以持续积累粉丝与关注，因为此时的你有了不可替代性与独特的魅力。

3) 注重发布的连续性。

微博就像一本随时更新的电子杂志，要注重定时、定量、定向发布内容，让大家养成观看习惯。当其登录微博后，能够想着看看你的微博有什么新动态，这无疑是成功的最高境界，让人们浏览成为他们思想中的一个习惯。

4) 注重互动性加强。

微博的魅力在于互动，拥有一群不说话的粉丝是很危险的，因为他们慢慢会变成不看你内容的粉丝，最后更可能是离开。因此，互动性是使微博持续发展的关键。第一个应该注意的问题就是，企业宣传信息不能超过微博信息的10%，最佳比例是3%~5%。更多的信息应该融入粉丝感兴趣的内容之中。

"活动内容+奖品+关注（转发/评论）"的活动形式一直是微博互动的主要方式，但实质上奖品比你那个企业所想宣传的内容更吸引粉丝的眼球，相较赠送奖品，你的微博能认真回复留言，用心感受粉丝的思想，才能换取情感的认同。如果情感与"利益"（奖品）共存，那就更完美了。

5) 注重系统性布局。

任何一个营销活动，想要取得持续而巨大的成功，都不能脱离了系统性，单纯当做一个点子来运作，很难持续取得成功。微博营销虽然看起来很简单，对大多企业来说效果也很有限，从而被很多企业当作可有可无的网络营销形式。因此,企业想要微博发挥更大的效果就要将其纳入整体营销规划中,这样微博才有机会发挥更多作用。

6)注重准确的定位。

很多企业抱怨:微博人数都过万了,可转载、留言的人很少,宣传效果不明显,导致这种现象的很重要的原因就是定位不准确。微博粉丝众多当然是好事儿,但"粉丝"质量更重要。因为企业微博最终的商业价值,或许就需要这些有质量的粉丝。因此企业微博需要围绕一些自身产品目标顾客关注的相关信息来发布,吸引目标顾客的关注,而非只是考虑吸引眼球,导致吸引来的都不是潜在消费群体。在这个起步阶段很多企业博客陷入这个误区当中,完全以吸引大量粉丝为目的,却忽视了粉丝是否是目标消费群体这个重要问题。

7)企业微博专业化。

企业微博定位专一很重要,但是专业更重要。同场竞技,只有专业才可能超越对手,持续吸引关注目光,专业是一个企业微博重要的竞争力指标。作为一个"零距离"接触的交流平台,负面的信息与不良的用户体验很容易迅速传播开,并为企业带来不利的影响。

8)注重控制的有效性。

微博不会飞,但是传播速度却快得惊人,当极高的传播速度结合传递规模,所创造出惊人的力量有可能是正面的,也可能是负面的。因此,必须有效管控企业微博这把"双刃剑"。

9)注重方法与技巧。

企业开设微博不是为了消遣娱乐,创造企业的价值是己任,任何不以创造企业价值为目的的企业微博都是要不得的!想把企业微博变得有声有色,持续发展,单纯在内容上传递价值还不够,必须讲求一些技巧与方法。例如,微博话题的设定,表达方法就很重要。如果你的微博文章是提问性的,或是带有悬念的,引导粉丝思考与参与,那么浏览和回复的人自然就多,也容易给人留下印象。反之,像新闻稿一样的微博文章,会让粉丝想参与都无从下手。

7.4.4 直播营销

(1)直播营销产生的原因。

直播营销是指在现场随着事件的发生、发展进程同时制作和播出节目的播出方式，该营销活动以直播平台为载体，达到企业获得品牌的提升或是销量的增长的目的。直播营销的兴起一般来说有以下三个方面的原因：

一是移动网络提速和智能设备的普及。像花椒直播这样的完全诞生在移动互联网时代的视频直播App开始涌现，并受到资本市场的关注。这其实得益于移动网络速度的提升，以及流量资费的降低，视频直播能够比以往更加的流畅，并且更为重要的是智能手机的普及，让人们逐渐完全摆脱无线网络和电脑而可以直接通过智能手机进行视频拍摄上传，这就使视频直播能够体现更多的场景，从而让企业有了全新的营销机会，可以随时随地的更加立体地展示企业的文化，发出企业的声音，而不再仅仅依靠微博和微信。

二是企业需要更立体的营销平台。很多企业、政府机构已经在微博、微信开通账号，将其作为企业品牌营销和文化传播的标配。不过，这些传播主要还是基本以图文为主的，在微信上，可能的传播方式可还要更多一些，如一些H5游戏或展示页面。但这可能远远不够。图文始终不够立体，用户看到的还都是静止的，并且在如今这个信息泛滥的时代，单纯的文字传播很可能被忽略。而现在视频直播正在兴起，正好弥补了以前企业进行营销传播时的缺憾，在微博、微信之外，多了一个更为立体生动的营销阵地。

三是网友看视频玩视频的习惯养成。无论是移动互联网时代的机遇也好，还是企业营销的需求驱动也罢，这一切最重要的根基是用户愿意在这个平台上进行"玩耍"。越来越多的人愿意在视频平台上花费时间创造内容和浏览内容，这都得益于用户习惯的培养完成。

（2）直播营销案例。

迪奥与美拍

在迪奥与美拍的品牌活动中，迪奥利用王珞丹的名人效应，将迪奥唇膏的线下活动搬到线上，利用名人带你逛商场、选唇色的亲民形式，扩展了原本影响有限线下品牌活动的辐射范围。"名人带你逛街"这一新颖的模式，不仅为品牌主吸引了巨大的流量，而且拉近了偶像与明星之间的距离，收获了良好的反响。

点评：作为女性日常化妆出镜率最高的单品，唇膏一直是品牌主费尽心思推广的产品。作为女性用户超过7成的国内优质UGC生态社区，在美拍平台上推广唇膏等单品,更容易打动女性用户,从而实现更高的市场转化。

上海徐家汇汇金百货直播

2月14日,一个甜蜜的日子,全城逛街App携手《明星志愿》和《轩辕剑汉之云》中的男主角彦希和人气主播张璐为大家在上海徐家汇汇金百货呈现了一档精彩的时尚导购直播!10大直播平台同步倾力首推,线上直播总观看量破1500万人次,线下入店率提升30%以上,不仅刷新了"新零售"线上线下整合营销的新高度,掀起了实体店的销售高潮,也为中国新生代消费者带来了别样的购物体验升级——明星带你边逛边买,过了一个意义非凡的情人节!

全城逛街联合潮宏基珠宝、衣架、Step Higher、Salvatore Ferragamo等多个品牌一起呈现了一场时尚直播盛宴!在线观看直播的用户不仅能通过镜头了解到专柜商品最新流行趋势,还能更直观地看到商品细节,时尚达人主播的加入,也为大家提供了专业的搭配和造型建议。通过最直观的直播方式,让用户体验到了一键购买直播中心所有商品的便捷。

直播过程中,全城逛街App还不间断地送出了10000份情人节免费甜蜜好礼,让线上观看直播的用户不仅能一饱"眼"福,还能拿到手软。

此外,在全城逛街App上参加好礼兑换的用户还有机会抽取更大豪礼——潮宏基珠宝为爱加分戒指2枚(价值4580元)、DKNY女士菁纯香水100份(价值650元)、LAB series男士洁面乳200份(价值350元),整个直播现场高潮迭起,直播观看人数也一路飙升!

当天,包括一直播、花椒、小米、咪咕等10大直播平台进行了同步直播,进一步扩大了本次情人节活动的宣传效应,取得了全网总观看量突破1500万人次的傲人佳绩!最重要的是,用户除在全城逛街App上可以直接购买到近20余个参与品牌最新专柜商品外,在2月底前还能享受到全城逛街与合作品牌推出的独家优惠!这一新颖的互联网化直播导购模式也吸引到了CCTV财经频道特地前来做专题报道。

"多平台直播导流+户外LED同步直播+实体店手机导购",创造了独创的跨地域跨时空的新型整合营销导购模式,线下零售的创新转型之路越走越宽。

7 中小型实体百货店全渠道零售的构建

（3）视频直播营销注意事项。

1）精确的市场调研。

直播是向大众或者个人推销产品，推销的前提是我们深刻地了解到用户需要什么，我们能够提供什么，同时还要避免同质化的竞争。因此，只有精确地做好市场调研，才能做出真正让大众喜欢的营销方案。

2）目标客户定位。

营销能够产生结果才是一个有价值的营销，我们的受众是谁，他们能够接受什么，等等，都需要做恰当的市场调研，只有找到合适的受众才是做好整个营销的关键。

3）直播平台的选择。

直播平台种类多样，根据属性可以划分为不同的几个领域。如果做电子类的辅助产品，直播推销衣服、化妆品将会带来意想不到的流量。所以，选择合适的直播平台也是关键。

4）良好的直播方案设计。

做完上述工作之后，成功的关键就在于最后呈现给受众的方案。在整个方案设计中需要销售策划及广告策划的共同参与，让产品在营销和视觉效果之间恰到好处。在直播过程中，过分的营销往往会引起用户的反感，所以在设计直播方案时，应把握好视觉效果和营销方式。

5）后期的有效反馈。

营销最终是要落实在转化率上，实时的及后期的反馈要跟上，同时通过数据反馈可以不断地修整方案，将营销方案可实施性不断提高。

7.5 LBS

基于位置的服务（Location Based Services，LBS），它是通过电信移动运营商的无线电通信网络（如 GSM 网、CDMA 网）或外部定位方式（如 GPS）获取移动终端用户的位置信息（地理坐标，或大地坐标），在地理信息系统 GIS（Geographic Information System）平台的支持下，为用户提供相应服务的一种增值业务。包括两层含义：首先是确定移动设备或用户所在的地理位置；其次是提供与位置相关的各类信息服务。另一种叫法为移动定位服务 MPS（Mobile Position）如找到手机用户的当前地理位置，然后在上海市 6340 平方千米范围内寻找手机用户当前位置处 1 千米范围内的宾馆、影院、图书馆、加油站等的名称和地址。所以说 LBS 就是要借助互联网或无线网络，在固定用户或移动用户之间，完成定位和服务两大功能。

7.5.1 LBS 对线下实体店的重要性

（1）对线下实体店铺实现高效引流。

你还会仔细看被塞入手中的传单吗？面对这个问题，多数人都会摆出"不了不了"的手势。时间越来越宝贵，人们越来越难以接纳被强制灌输的事物，因此线下实体店不能再依赖这种传统的宣传方式为店铺增加人气了。但是如何在偌大城市的纷繁人群中找到自己的目标用户，在稳定广告成本的基础上，实现高效转化？地理位置（Location）是户外媒体实现高触达、高覆盖的最核心的媒体价值，再加上 LBS 技术加持，将会为实体店铺提供精准又有效的线下营销方案。如果实体店对附近的人进行宣传，可应用 LBS 即时营销，搜索实体店铺附近的消费者，然后根据受众人群制定营销内容和策略，省时省力；后续还可以对效果进行监控、分析，为后期的营销做数据累计。

（2）基于地理位置的信息推送。

随着移动互联网快速成长，各类互动体验技术不断更迭，实体店开业通过 LBS 相关平台，打通与手机用户的连接，让线下营销互动增添更多有效的元素，形成了更精准的用户沟通和互动。线下实体店可以在 LBS 相关平台创建自己店铺的优惠券信息，然后通过短信的形式把优惠信息发送给用户，实现优惠信息精准触达，还可以通过平台对优惠券消费情况实现监控和分析。

（3）利用 LBS 定位用户画像，建立数据银行。

借助 LBS 功能，现在实体店铺可以长期采集用户的位置数据，经过一段时间的数据积累，就能够描绘出用户的生活轨迹，发现用户聚集特征，推测用户的休闲习惯和消费偏好，可以个性化地服务好每一位消费者。

7.5.2 LBS 案例

美团完善 LBS 功能

为了更好地满足用户需求，美团借助地图的 LBS 属性，不断完善"生活服务"的概念。通过 LBS 定位，以行业为类别，以距离、销量、优惠程度为搜索条件，便能及时在美团上查找到附近的生活服务及消费信息。凭借"团购 + LBS"筛选功能，定位不同商家的地址和优惠程度，保证用户在产生需求时就能第一时间解决问题。

比如一个人想和朋友去咖啡厅喝下午茶的时候，可以知道附近有哪些咖啡店；当他想看电影的时候，可以知道附近有哪些电影院；当他到了一座新城市想住宿的时候，就能方便快捷地找到酒店。美团 LBS，切实地满足了每个用户周边的生活需求。

星巴克的送咖啡服务

Starbucks 新推出 Mobile Pour 服务：你在路上走着，突然想喝咖啡，通过 Mobile Pour App，允许星巴克知道你的位置，点好你要的咖啡，然后你就接着走你的，走啊走，不一会儿一个星巴克的小伙子或者大姑娘就会踩着滑轮车给你送一杯咖啡来。目前已经在美国 7 个大城市开启了这种服务。

7.5.3 主要事项

（1）与大数据结合。

LBS 应用和大数据是零售革命最大的特征，由于 LBS 应用的存在，用户随时可以通过手机或其他移动终端搜索周边的商品和服务，快速下订单或付款，轻松完成购买行为。因此，企业必须掌握大数据 LBS 营销的策略。

企业只有积累足够的用户数据，才能分析出用户的喜好与购买习惯，才能做到"比用户自己更了解用户"。所以，企业应在产品生产之前了解潜在用户的主要特征，以及他们对产品的期待，这样，产品生产才可投其所好。而在移动互联网领域，LBS 就是分析消费者最重要的工具。

大数据技术使我们能够访问和使用这些宝贵的大规模数据集，以应对越来越复杂的数据分析，制定更好的商业决策，尽可能地分析用户行为，把握用户动态，牢牢地"抓住"所有的老顾客。随着用户规模不断扩大，数据采集的时间越久，对用户的需求分析就越精确。目前，更多的 LBS 应用都处于智能化较低的发展。随着移动 LBS 应用的各种功能不断增加，分析用户的各种行为就会更加精确，也便于各种 LBS 应用的快速成长。

（2）与 AR 结合。

AR 技术主要功能是通过计算机系统提供的信息增加用户对现实世界感知的技术，并将计算机生成的虚拟物体、场景或系统提示信息叠加到真实场景中，从而实现对现实的"增强"。主要就是帮助人类把无法实现的场景在真实世界中展现出来。

特点一：虚实结合，可以将显示器屏幕扩展到真实环境，使计算机窗口与图标叠映于现实对象，然后由用户用眼睛凝视或手势指点进行操作，让三维物体在用户的全景视野中根据当前任务或需要，互动得改变其形状和外观，将虚拟场景叠加到真实场景中。

特点二：实时互动，可以使互动从精确的位置扩展到整个环境，从简单的面对屏幕交流发展到将自己融合于周围的空间与对象中。

例如，一款手机 App——圈圈，利用"LBS + AR"，它的目标是颠覆传统商业和社交。

具体来讲，"圈圈"的思路并不复杂，按照其创始人许峰的说法，他们希望打造一个"万物可标签，万物可识别"的现实世界。通过"圈圈"，用户可以针对某一场景或某一物体上传属于自己的信息，包括文字、视频、图片等（即标签化），将信息保存在三维空间内。当其他人来到这个空间，并使用"圈圈"，便能以 AR 的方式看见这些位于不同方向、叠加在真实场景中的信息（即可识别），帮助用户更全面地获取信息。

这是一种颠覆了传统信息储存以及获取的方法，是一种属于未来的搜索引擎，未来想象空间巨大。传统互联网时代，人们搜索得到的信息基本上都是同一时间不同地点的信息，但"圈圈"却是同一场景，任意时间的所有信息，解决了信息的空间定位问题，不论是社交还是商业应用都是从这里延伸出来的。

首先看社交。例如，一个大学生毕业之后，其住过的宿舍便会迎来新生，按以前的技术，这些新人与已经毕业的学长之间是没有任何交集了，但通过"圈圈"，学长可以提前将自己的照片、视频等信息定位存放在这个空间内的床上、电脑桌上等。新生使用"圈圈"对准床或电脑桌便能看见学长留在这些地方的信息。新生与学长通过评论，便能取得联系并进行沟通。

经过时间的积累，或是在某个人流量特别高的地方，这种被标记的信息会比较多，"圈圈"将利用机器学习与 AI 技术针对用户的喜好，对内容进行分类匹配，并不断优化信息的排列顺序。

其次看商业应用。说到商业上的应用，"圈圈"目前主要与线下商场、游乐场、景区合作，做定制化解决方案，为用户提供场景信息推送服务。目前，他们已经在与多家机构开展合作，将该技术落地。试想一下这样的生活场景：当你走进一家大型商场而不知所措时，拿起手机用"圈圈"扫描一下周边环境，周边所有的打折信息一下子都呈现在你的手机上，"你心愿单中的巧克力 7 折出售，本超市折后价低于本市平均价格 15%。"点击这条信息之后，甚至还可以通过在地面叠加箭头的 AR 技术帮用户导航到相应的柜台。再扫描一下巧克力包装，手机便能立即显示巧克力的营养价值等信息。

又如宝马在斯德哥尔摩城市某处设置一台虚拟的 MINI 最新款车，参与者需下载 App，然后便可查看虚拟车的位置，当然该虚拟车是任何人都可能抢到的，最后一个抢到并保留的人即可获得一辆真实的车。该活动很好地将 LBS 与 App 结合，同时通过 AR 技术展示虚拟车辆，通过"抢"的方式聚集受众，又 Cool 又 Social。

（3）与社交媒体结合。

在大数据时代下，社交媒体中 LBS 的应用改变了广告生态以及影响其营销模式：一是手机移动端的地理精准定位，二是受众需求精准定位。首先广告主能利用手机 LBS 应用来获取用户的行为轨迹，包括完整的用户信息、身份特征、生活方式和关系圈子；其次借助移动互联网技术把用户数据的追踪分析进一步拓展到移动终端，结合其实时的地理位置，绘制出更立体、更实时的用户行为足迹。根据这些足迹绘出"用户画像"，并进一步判断用户的人口统计学属性，再通过数据挖掘和关联分析，对用户进行精准定位。

例如，美团网在用户端呈现的是，如果用户定位在大学城，并搜索"涮羊肉",那可以根据语义来推荐相似度很高的"火锅"商户;当用户在比较接近就餐的时间并且用移动设备搜索的时候,推荐地理位置比较接近的商户;如果用户在酒吧或者KTV消费,那么将需要预测用户有可能需要使用代驾产品。所以美团网能够根据用户的位置,提供实时的情境式广告服务。用户可以在恰当的时候得到自己需要的服务,解决其燃眉之急。而商户也可以准确地锁定住目标用户,在团购服务上不仅能够让用户获得一定的优惠而满意,同时也积累了用户量以及提高转化率,由此实现双赢。定位服务或者语境运算进一步提升了手机LBS广告应用的价值。

8 百货业迎接新零售时代

2016年10月，在阿里云栖大会上，马云第一次提出了"新零售"这个互联网新名词。新零售，是指企业以互联网为依托，通过运用大数据，人工智能等先进技术手段，通过商品的生产、流通与销售过程进行升级改造，进而重塑业态结构与生态圈，并对线上服务线下体验，以及现代物流进行深度融合的新零售模式。马云指出的线上线下和物流的有机结合的"新零售"大趋势，确实为百货店指明了方向。百货店的经营决策者如果不能深刻认识，并从内心予以认同，企业将很难走上"新零售"的道路。只有"一把手"们都亲自上阵，带领百货店重构供应链关系及商品经营管理模式，才能实现战略突围。当人们已经清醒地看到线上线下融合将是大势所趋时，谁能尽早实现融合，谁就将在未来的竞争中占得先机。

8.1 新零售时代的特征

"新零售"是最近两年异常火爆的经济名词，不少互联网企业和传统企业都在关注这一风口，如阿里巴巴、京东、腾讯就在大力布局自身新零售。京东新通路与伊利酸奶事业部宣布达成战略合作，双方将依托各自集团资源，在开发和经营传统渠道、数据共享、品牌营销等方面展开深入合作。根据双方达成的战略合作协议，京东新通路将与伊利酸奶事业部共同开发和精耕传统渠道，集中双方优势资源共同扩展销售领域。同时，根据双方渠道战略需求，共同快速推进全国区域合作，结合各自的集团影响力，打造新的渠道经营模式。总体来讲，新零售具有以下特征：

(1) 渠道一体化,即多渠道深度协同融合成"全渠道"。

全渠道是新零售的首要特征,马云在提出新零售时说线上线下要结合,真正的新零售应是 PC 网店、移动 App、微信商城、直营门店、加盟门店等多种线上线下渠道的全面打通与深度融合,商品、库存、会员、服务等环节皆贯穿为一个整体。当今,消费者随时随地出现在实体门店、淘宝京东电商平台、美团等外卖平台、微店及网红直播频道等各种零售渠道。零售商不仅要打造多种形态的销售场所,还必须实现多渠道销售场景的深度融合,才能满足顾客想买就买的需求。

(2) 经营数字化。

零售行业的数字化包括顾客数字化、商品数字化、营销数字化、交易数字化、管理数字化等。数字化是通过 IT 系统来实现的,所有数字化战略中,顾客数字化是基础和前提。新零售是数字化结合智能化,企业与商家应通过技术与硬件重构零售卖场空间,进行门店数字化与智能化改造终端,一是依托 IT 技术,顾客、商品、营销、交易四个环节完成运营数字化。二是店铺以物联网进行智能化,应用智能货架与智能硬件(POS、触屏、3D 试衣镜等)延展店铺时空,构建丰富多样的全新零售场景。今天商业变革的目标就是一切在线,通过数字化把各种行为和场景搬到线上去,然后实现线上线下融合。

(3) 门店智能化。

大数据时代,一切皆智能是必然。门店智能化可以提升顾客互动体验和购物效率,可以增加多维度的零售数据,可以很好地把大数据分析结果应用到实际零售场景中。在零售行业,商家数字化改造之后,门店的智能化进程会逐步加快,但脱离数字化为基础去追求智能化,可能只会打造出"花瓶工程"。"新零售"时代的门店和传统的门店是不同的,门店不仅是售卖的功能,更应富有体验的功能,同时会是社交、教育的场所,还有门店不仅仅是商品的陈列,更多的是商品多元化的展示。

(4) 商品社会化。

我们去实体门店购物,会觉得店铺商品琳琅满目,东西买都买不完。当新零售把顾客数字化后,顾客不到你的实体店,通过线上店铺购物时,会觉得你的店铺东西少,品类缺乏。这就是新零售时代对品类管理的挑战,需要商家重构供应链才能解决。解决的办法就是社会化供应链:卖自家货、他家货;自己卖、请别人卖;土货、洋货、农特货等。

(5) 物流智能化。

传统零售只能到店消费，现取现卖，新零售要求顾客全天候、全渠道、全时段都能买到商品，并能实现到店自提、同城配送、快递配送等，这就需要对接第三方智能配送、物流体系，以此缩短配送周期、去库存化。未来零售的一个方向是通过系统、物流将各地仓库，包括保税区甚至海外仓连接起来，完成库存共享，改变传统门店大量铺陈与囤积商品现状，引导顾客线下体验，线上购买，实现门店去库存；另一个方向是从消费需求出发，倒推至商品生产，零售企业按需备货，供应链按需生产，真正实现零售去库存。

8.2 新零售的实现路径

线上电商线下实体以及现代物流结合的新零售已经成为行业内外的共识，新零售已经是大势所趋。所以我们有必要去思考如何实现从传统零售到新零售的转变，实现新零售需要经历怎样的路径。回顾过去几年电商、传统零售行业以及本地生活服务等这些和我们生活息息相关的行业所发生的变化，从中可以总结出新零售实现的路径。

8.2.1 路径一：线上线下的结合

移动互联网带来的碎片化使传统的零售渠道发生了很大的变化，移动化、社区化开始成为常态，而传统的线下渠道的变化使得消费者和商家的距离被无限拉近，渠道的碎片化则使得线上线下融合具备了可落地的现实基础，因此O2O开始走入大家的视野，O2O不仅仅让传统的实体零售转型看到了方向，更让线上电商找到了新的突破点，而线上线下更加深层的融合并非易事，既需要智能手机这样的移动终端，更需要手机App这样的移动软件，技术的发展使得企业在运营模式上的转型更加的方便，App大繁荣则为品牌商打造自身生态的繁荣提供了无限可能。新零售通过智能化技术，融合了线上线下资源，这改变了产品到达消费者手里的效率和方式。通过线上线下融合大数据驱动，提高供给质量和效率，促进消费者增长。新零售通过线上和线下同价，变相降低消费成本，改善消费环境，增加消费预期。这有利于挖掘潜在的消费需求,从而扩大市场的消费总需求。

在新零售时代,对企业来说融合依然是非常重要的运营思路,任何一个行业要打造一个连接线上线下的O2O闭环,就必须对消费者、消费场景以及商品进行价值的重构,为了收集用户的数据,企业必须打通不同账号之间的壁垒,借助于强大的数据分析能力来获取消费者的需求(见图8-1)。想要在服务上实现线上线下的对接,就必须加大对与员工的培训和教育,让他们掌握更加先进的经营理念。想要实现线上线下的同步运营,就必须运用技术手段来打破线下壁垒,建立起公平的利润分享机制。

而在具体的实现上,不同地域以及领域的消费场景之间存在着巨大的差异,因此线上企业在和线下融合时,采用的手段也不尽相同,阿里的O2O尝试或许给我们指明了一条不错的方向,在百货商场是"阿里+银泰",社区超市则是"淘宝到家",购物中心则有"喵街"。

图8-1　新零售时代的线上线下购物无缝连接

8.2.2　路径二:零售+体验经济

传统零售是以企业效率为中心的商业模式,而"新零售"更加注重用户体

8 百货业迎接新零售时代

验。随着大家消费意识的不断提升，很多的零售企业其实早就意识到了体验消费的趋势，并且也都做出了一些积极的尝试。站在线下实体零售的角度来看，这两年很多城市的大型购物中心的数量呈现出大幅度增加的趋势，很多过去的百货商场也都在积极向购物中心转型，这种现象的背后是消费者消费需求的进一步提升，大家越来越重视消费过程中得到的体验，在购物的同时，还希望获得餐饮、娱乐等一系列基础配套服务。新零售和很多服务业跨界融合，集合餐饮、休闲、娱乐、金融、物流等多种功能，形成了生产服务功能集合型的产业，强化了消费者的体验。

而在具体的实践上，阿里的盒马鲜生是"零售+体验式消费"的典型代表，它采用App将线下的场景复制到线上，门店的功能则更像是一个体验店。加上支付宝的支付功能和强大的物流配送能力，极大地满足了消费者的需求。

8.2.3 路径三：零售+产业生态链

当前，新技术和新商业模式不断向各行各业渗透，日益呈现生产、流通、消费融合发展和协同创新的格局。新零售不是一个零售环节的问题，而是产业链和价值链重构、要素重构的过程，以消费者为核心对要素资源重新配置的过程，进而形成新的生态，这种模式所强调的就是企业对于上下游合作伙伴的关注，更加以消费者为核心。想要让这种模式真正实现落地，企业必须打造出一个开放的综合平台。

淘宝和天猫给入驻其平台的商家创造出了巨大的价值，平台给上面优质的商家带来了流量，提供诸如用户数据分析、营销服务解决方案这样的服务，加上自身完善的支付和物流体系，帮助商家获得足够的收益；反之，商家获得收益之后，又会推动平台的发展和壮大。

而现在淘宝这样的电商平台也开始尝试和上游的生产制造商合作，通过为这些上游用户提供消费者的数据来帮助他们生产出更加符合用户需求的优质产品。而从本质上来看，线下的大型零售实体，也可以看作是一个综合的零售平台。这些线下巨头们应该向阿里学习平台化思维，联合更多的合作伙伴共同把"蛋糕"做大。

8.3 新零售时代的消费者新体验

8.3.1 新零售时代的消费者画像

(1) 消费者的自我表达。

消费者注重品牌自我的表达：大品牌已经不足以成为让产品大卖的保证，新零售时代消费者需要足够独特的品牌，这也给精品小品牌突围带来了机会。

消费者注重自己的生活品质：新零售时代消费者追求生活的品质，也愿意为真正好的产品买单，往往可以接受更高的溢价。

消费者注重自己的时间价值：新零售时代消费者愿意花钱买时间，把自己从无聊、重复的事情中解脱出来，投身于自己的业余爱好和其他热爱的活动。

(2) 消费需求新变化。

1) 消费者的圈层化、标签化、心态年轻化。

圈层化是指在对消费者进行行销分析时，不再是简单的垂直营销而是全面的水平营销，要针对不同消费群、消费层次去逐层进行沟通。标签化代表每个消费者都拥有属于自己的标签。品牌应根据不同的消费群体标签去进行定位战略。

当下消费者的消费观发生了很大的变化，逐步趋向心态年轻化，而零售界的老品牌在心态趋于年轻化的消费者群体当中知名度已经逐渐下降。

2) 注重极致的全渠道产品体验。

新的市场环境下全渠道成为新常态，消费者对全渠道基本服务（如线上购买线下取货、线上查询线下店铺存货等）的需求越来越普遍，而这在过去几年并未得到根本解决。而更高级的全渠道体验（如门店虚拟现实体验、在线定制产品）也开始触发消费者强烈需求。因此线下渠道仍是客户体验和销售转化的重要节点，实体零售店对于全渠道的营销体验至关重要，品牌应利用终端实体空间的产品体验优势，来提升消费者对产品的兴趣，再通过线上的渠道引导形成购买。

3) 追求极致的服务体验。

在过去的零售业中，销售是从消费者进入门店开始，到商品成交为止。而在新零售的模式下，当商品完成第一次交易，品牌和消费者的黏性作用，才刚刚开始。消费者渴望更多定制化产品和服务，而有时则是寻求满足特定使用要求的服务，如短期租用商品或短期试用。品牌商可以通过创新的服务模式同时提供个性化定制能力，让自己从众多竞争对手当中脱颖而出。

4）注重消费的社交元素。

中国消费者一直是社交媒体的爱好者，社交媒体刺激了包括电商在内的许多数字化行为，品牌 B2C 社交电商天然具备了社交元素（如值得依赖的推荐、方便与家人、朋友分享等），也实现了支付环节的便捷性和安全性，所以品牌商把潜在消费者变成你的顾客，再把顾客变成粉丝，最后将粉丝变成品牌的传播者和销售者，这是新零售的核心。

5）趋于将购买产品转化为购买生活方式。

通过调查，对于线下购物体验，只有 10% 的消费者表示在店铺得到了个性化的服务或建议。在零售新时代，品牌商与零售商都应该致力于基于消费者大数据的积累和分析，增强对消费者的了解，提供针对性的推荐和全渠道的个性化服务，改善购物体验，创造更大的价值。随着消费者对产品期待的潜在变化，单一的产品以及服务不能完全满足消费者对自我价值的认可，只有将产品和服务真真切切地融入到消费者的生活中去，从而满足消费者在精神层面对品牌的认可，这样才会引起目标消费群体情感的共鸣。

中国新零售是一场因工具创新而引发的革命。消费品牌和零售企业必须打破原有的内部运作机制和外部合作格局，一方面整合在线渠道和实体店的特色，另一方面通过业务模式和客户体验创新，扩大消费者对品类的需求，并引导他们购买符合个性化需求的产品。企业若能率先摸索出正确的客户体验之路，定能实现业绩与竞争力的飞跃。

8.3.2 新零售时代实体百货转型的策略

传统电商发展"瓶颈"、服务弊端，顾客消费升级，信息技术创新等因素都促成了"新零售"的产生。"新零售"到来又回归到了零售以消费者为中心的本质，"新零售"发展既融合了线上线下渠道创新、消费场景化的服务创新、新金融、新技术、新资源的整合创新，又有各新兴科学技术支撑和多产业生态链协同创新（见图 8-2）。因此，未来"新零售"的发展，关键在于如何利用新技术建立顾客与商品直接联系，以解决顾客与商品包括服务等实时连接问题，进而提高零售业效率与顾客享受型、发展型的购物体验。

图8-2 新零售时代消费者的新体验

（1）线上优势与线下优势融合升级，打造全渠道、无边界平台。

电商零售与实体零售的运营模式存在很大的差别，无论是线上转线下，还是线下转线上，都面临着突破组织惯性的战略变异风险和形成新惯例的战略适应风险。电商企业与实体零售企业实施"新零售"战略的最佳路径就是进行合作共享，利用资源优势互补达成融合升级，将风险降到最低。实现线上线下同款同价，线上购物线下取货，线下购物线上发货的全渠道零售。消费者同时享受线上线下最优质服务，满足其场景化体验，是"新零售"模式运行的最大受益者，体现了"新零售"以服务消费者为核心的原则。加上新兴的技术支撑和众多产业生态链资源的共享和重组，使客户在购买商品时能够不受时间、空间和形式的约束，自由而又轻松地完成整个消费的过程。

（2）以顾客体验为中心，进行关系营销，服务创新，满足消费者多维需求。

"新零售"目标就是营造消费场景化,使消费者不仅购物便捷,而且还能产生美好的心理联想,进而满足消费者沟通和情感需求,最后形成重复购买、客户满意、客户忠诚的良性循环。消费场景化的实质就是一种关系营销,旨在为商家和消费者建立一种长久的战略合作关系。"新零售"的发展打通了全渠道销售,在融合升级的过程中必定会产生区别于纯电商和纯实体服务模式的高质创新服务,更加凸显出"新零售"时代满足顾客多维需求的商业本质和以顾客体验为中心的原则。

(3)与新技术、新资源、新金融的融合与重组。

金融要素市场化的同时金融主体也变得更加多元化,给投资者带来了更多盈利机会,创造了更好的融资环境,为"新零售"发展创造了更多主体。众多产业生态链资源的开放和共享,再加上线上线下数据资源的结合与挖掘,能够全方位地为消费者提供"比你懂你"的升级体验:顾客兴趣画像。即利用人工智能算出每位顾客独有的兴趣画像,预测其购物倾向并为其推荐可能感兴趣的货品。顾客兴趣画像的另一个应用是"品味严选",通过其他顾客分享购物体验,推荐货品组合,借此快速决策。并且顾客之间可以互动,这将为网红经济、线下社交等带来新的场景和玩法。"新零售"与新技术、新资源、新金融的深度融合为其健康发展打下了坚实的基础,也为顾客的体验增加了无限的可能。

参考文献

[1] Agatz N., Fleischmann M. & Van Nunen. E-fulfillment and Multi-channel Distribution-A Review [J]. European Journal of Operational Research, 2008, 187 (2): 339-356.

[2] Herhausen D., Binder J., Schoegel M. & Herrmann A. Integrating Bricks with Clicks: Retailer-Level and Channel-Level Outcomes of Online-Offline Channel Integration [J]. Journal of Retailing, 2015 (1): 3.

[3] Rigby D. The Future of Shopping [J]. Harvard Business Review, 2011, 89 (12): 64-75.

[4] Zhang J., Farris P. W., Irvin J. W., Kushwaha, T., Steenburgh, T. J. & Weitz, B. A. Crafting Integrated Multichannel Retailing Strategies [J]. Journal of Interactive Marketing, 2010, 24 (2): 168-180.

[5] Webb K L. Understanding Hybrid Channel Conflict Conceptual Model and Four Case Studies [J]. UMI Dissertation Services, 1997 (6): 25-35.

[6] Piotrowicz W. & Cuthbertson R. Introduction to the Special Issue Information Technology in Retail: Toward Omnichannel Retailing [J]. International Journal of Electronic Commerce, 2014, 18 (4): 5-16.

[7] 李飞. 全渠道零售的含义、成因及对策——再论迎接中国多渠道零售革命风暴 [J]. 北京工商大学学报（社会科学版），2013 (2): 1-11.

[8] Dart M., & Sambar A. Omni-Channel Retailers Should Have the Advantage. Retrieved June 20, 2014, fromhttp://go.galegroup.com/ps/i.do?action=interpret&id=GALE%7CA327816401&v=2.1&u=gain40375&it=r&p=AONE&sw=w&authCount=1.

[9] Ogg E. Secrets of Apple's Customer Success. CNET. Retrieved June 20,

2014, from http：//www. cnet. com/news/secrets – of – Apples – customersuccess/.

[10] Levans M. Meeting the Omni – channel Fulfillment Challenge [J]. Logistics Management, 2014, 53 (12)：9.

[11] Grewal D., Iyer, G. R. & Levy, M. Internet Retailing：Enablers, Limiters and Market Consequences [J]. Journal of Business Research, 2004, 57 (7)：703 – 713.

[12] Brynjolfsson E., Hu, Y. J., Rahman, M. S. Competing in the Age of Omnichannel Retailing [J]. MIT Sloan Management Review, 2013, 54 (4)：23 – 29.

[13] 刘向东. 移动零售下的全渠道商业模式选择 [J]. 北京工商大学学报（社会科学版），2014 (3)：13 – 17.

[14] Malin Kersmarn, Linda Staflund. Omni – Channel retailing：Blurring the lines between Online and Offline [D]. Master Thesis of Science in Business Administration, 2015.

[15] Coser L A. The Functions of Social Conflict [M]. The Free Press, 1956.

[16] Rosenbloom B. Marketing Channels：A Management View, 4th ed. [M]. The Dryden Press, 1991.

[17] Napolitano M. Omni – channel Distribution：Moving at the Speed of Now [J]. Logistics Management, 2013, 52 (6)：42 – 46.

[18] Pondy L R. Organizational Conflict：Concepts and Models [J]. Administrative Science Quarterly, 1967, 12 (2)：56 – 57.

[19] Stern, Gorman. Distribution Channels：Behavior Dimensions [J]. Personal Psychology, 1969 (9)：47 – 49.

[20] Mallen B E. Principles of Marketing Channel Management [M]. Lexington Books D C, Heath and Company, 1977.

[21] Sims J T, Foster J R., Woodside A G. Marketing Channels：Systems and Strategies [M]. Harper & Row, 1977.

[22] Coughlan A. T, Anderson E, Stern L. W. & El – Ansary, A. I. Marketing Channels, 7th edition [M]. Upper Saddle River, NJ：Pearson Education Inc, 2006.

[23] Bucklin L. P.. The Concept of Mass in Intra – Urban Shopping [J]. Jour-

nal of Marketing, 1967 (31): 37 - 42.

[24] Stanley T. J., Murphy A.. Sewall, Image Input to a Probabilistic Model: Predicting Retail Potential [J]. Journal of Marketing, 1976, 40 (6): 48 - 53.

[25] 甘碧群. 国际市场营销学 [M]. 武汉: 武汉大学出版社, 1999.

[26] 梁宁建等. 基于反应时范式的内隐社会认知研究方法 [J]. 心理学报, 2003, 26 (2): 208 - 211.

[27] 周晓燕. 运用关联知识吸引消费者注意的平面广告设计策略研究 [D]. 江西师范大学硕士学位论文, 2011.

[28] Rudd, Melanie. Being Present: How Momentary Temporal Focus Influences Consumers' Perceived Time Affluence, Working paper, Marketing Department, Stanford Graduate School of Business, Stanford University, Stanford, CA 94305.

[29] 马慧敏. 移动互联时代我国零售业全渠道模式应用研究 [J]. 中国流通经济, 2017 (4): 10 - 16.

[30] Sterneckert K. Retail Future proofing: Meeting the Needs of the I - Want - it - Now Generation. Retrieved from http://Apparel.edgl.com/news/Retail - Future proofing—Meeting the Needs of the I Want it Now Generation 100091 (accessed May 1, 2015).

[31] 施蕾. 全渠道时代顾客购物渠道选择行为研究 [J]. 当代财经, 2014 (2): 69 - 78.

[32] 刘俊超. 零售商线上线下全渠道营销路径探索, 商业经济研究, 2017 (7): 65 - 67.

[33] Mishra R. Omni - channel Retailing: When it becomes a commodity, what then? Retrieved from http://www.ust - global.com/en/images/stories/pdf/USTGlobal_Omnichannel_Retail.pdf (accessed May 1, 2015).

[34] 陈志洪, 潘小军, 钟根元. 基于消费者认知的产品线策略 [J]. 系统管理学报, 2014 (1).

[35] 刘凤军, 李辉. 社会责任背景下企业联想对品牌态度的内化机制研究——基于互惠与认同视角下的理论构建及实证 [J]. 中国软科学, 2014 (3).

[36] 卢剑峰. 消费者认知对价格搜寻行为的影响分析 [J]. 价格理论与实

践,2012(7).

[37] 李忠刚,朱建荣.基于消费者认知的户外广告效果测评体系研究[J].现代商业,2012(14).

[38] 赵晓民,盛光华.基于消费者认知的零售店铺印象形成过程拆解[J].商业研究,2011(1).

[39] 王勇,李文静.零售企业社会责任的消费者认知和响应的关系研究[J].哈尔滨商业大学学报(社会科学版),2016(1).

[40] Alpert, Frank H. An empirical investigation of consumer memory, attitude, and perceptions toward pioneer brand [J]. Journal of Marketing, 1995 (4): 34 – 45.

[41] Goebel, Fabian. Consumer Response to Covert Advertising in Social Media [R]. AMA Summer Educators Conference Proceedings, 2016.

[42] López, Inés. Explaining website effectiveness: The hedonic – utilitarian dual mediation hypothesis [J]. Electronic Commerce Research & Applications, 2011 (1): 49 – 58.

[43] Chin – Feng Lin. Consumer Cognitive Perspectives of Web Ads: Country Comparisons, Analysis, and Implications [J]. Advances in Consumer Research, 2010 (37): 1 – 12.

[44] Shih – Chieh Chuang. The Effects of Nine – ending Prices and the Need for Cognition in Price Cognition [J]. Advances in Consumer Research, 2009 (36): 973 – 974.

[45] 齐永智,张梦霞.SoLoMo消费驱动下零售企业渠道演化选择:全渠道零售[J].经济与管理研究,2015,36(7):137 – 144.

[46] 刘文纲,郭立海.传统零售商实体零售和网络零售业务协同发展模式研究[J].北京工商大学学报(社会科学版),2013,28(4):38 – 43.

[47] 郭燕,周梅华.基于共赢理念的双渠道冲突管理研究[J].中国流通经济,2012,26(4):81 – 85.

[48] 王国顺,陈怡然.零售企业实体与网络零售协同下商业模式要素的构成[J].中南大学学报(社会科学版),2013,19(6):41 – 47.

[49] 刘煜,汤定娜,刘遗志.零售企业实现全渠道战略的路径图[J].商业经济研究,2015(3):20 – 23.

[50] Malin Kersmark. Omni Channel Retailing Blurring the lines between online

and offline [D]. Jonkoping University, 2015.

[51] 潘冠男. A 农产品企业全渠道零售模式构建研究 [D]. 吉林财经大学硕士学位论文, 2015.

[52] 姜超洋. 传统连锁零售企业发展全渠道 O2O 电子商务项目风险的研究 [D]. 中国科学院大学硕士学位论文, 2016.

[53] 洪涛. 从学术的角度看百货店业态已经不复存在 [J]. 商业经济研究, 2015 (15): 14 – 15.

[54] 李聚蕾. 电子商务环境下百货业经营模式的变革与创新 [D]. 内蒙古财经大学硕士学位论文, 2015.

[55] 齐永智, 张梦霞. 共享经济与零售企业: 演进、影响与启示 [J]. 中国流通经济, 2016, 30 (7): 66 – 72.

[56] 郭馨梅, 张健丽, 刘艳. 互联网时代我国零售业发展对策研究——基于网络零售与传统零售业融合发展视角分析 [J]. 价格理论与实践, 2014 (7): 106 – 108.

[57] 杨坚争等. "新零售"背景下我国传统零售企业转型升级研究 [J]. 当代经济管理, 2018 (9): 24 – 31.

[58] 王国顺, 邱子豪. 零售企业网上与实体零售的比较及协同路径选择 [J]. 财经理论与实践, 2012, 33 (4): 110 – 113.

[59] 邓阳, 汪洋. 全渠道环境下我国百货业转型发展研究 [J]. 企业经济, 2015 (11): 135 – 140.

[60] 齐永智, 张梦霞. 全渠道零售: 演化、过程与实施 [J]. 中国流通经济, 2014, 28 (12): 115 – 121.

[61] 吴忠, 唐敏. 全渠道视角下消费者渠道利用行为研究 [J]. 商业研究, 2015 (2): 152 – 160.

[62] 王国顺, 何芳菲. 实体零售与网络零售的协同形态及演进 [J]. 北京工商大学学报 (社会科学版), 2013, 28 (6): 27 – 33.

[63] 赵萍. 线上线下融合发展进入实质阶段——2015 年中国流通产业回顾与 2016 年展望 [J]. 中国流通经济, 2015, 29 (12): 24 – 29.

[64] 李春发, 郭艳霞, 张振超. 移动互联网背景下全渠道零售策略分析 [J]. 商业经济研究, 2016 (3): 58 – 60.

[65] IBM，中国连锁经营协会．颠覆与重塑零售全渠道转型之路 [R]．2016．

[66] 褚旭．DS 百货的体验营销策略研究 [D]．河南大学硕士学位论文，2017．

[67] 孙润霞．百盛连锁百货 O2O 商业模式下的营销策略研究 [D]．山西大学硕士学位论文，2016．

[68] 赵正．北辰购物中心关张 传统百货业的"死结"何解？[J]．商学院，2018（Z1）：34 - 37．

[69] 孙洁．冲击与变革：互联网条件下的传统百货业态转型研究 [J]．上海经济，2016（1）：96 - 101．

[70] 玉茗．传统百货的跨界转型之路 [J]．现代企业文化（上旬），2016（11）：40 - 42．

[71] 孙晓利．从银泰"触网"看百货业转型 [J]．投资北京，2014（7）：26 - 29．

[72] 丁昀．大数据时代的百货经营革命 [J]．销售与市场（管理版），2015（6）：80 - 83．

[73] 蒋璐．电商冲击下实体百货企业的经营状况及国内外研究、发展现状 [J]．现代营销（下旬刊），2015（4）：124．

[74] 刘静涵．电商时代对我国百货业的冲击效应研究与策略分析 [J]．时代金融，2014（33）：77 + 82．

[75] 陈隽．电子商务环境下传统零售百货企业营销战略研究 [J]．改革与战略，2017，33（4）：140 - 142 + 157．

[76] 张艳．多业态竞争下我国传统百货店转型升级研究 [J]．价格理论与实践，2014（12）：97 - 99．

[77] 孔繁秀，杨冰．互联网趋势下的传统百货店困境对策探究 [J]．现代商业，2016（28）：28 - 29．

[78] 刘文纲，田晨，马绪然．互联网时代百货零售业战略转型与创新实践研究 [J]．经济研究参考，2017（21）：78 - 87．

[79] 柯婷婷．基于顾客视角的武汉百货服装零售业发展策略研究 [D]．武汉纺织大学硕士学位论文，2017．

[80] 邓惠萍,许安心,林扦扦,吴晶晶,郑蔓华. 基于市场轨道的创新驱动传统百货业升级研究[J]. 特区经济,2018(2):38-40.

[81] 谢合军. 基于消费者视角的百货业发展研究[J]. 商业经济研究,2017(1):197-198.

[82] 杨文. 金鹰商贸集团多元化发展战略研究[D]. 南京大学硕士学位论文,2017.

[83] 韩建国. 零售革命下传统百货的创新与转型[J]. 时代经贸,2015(7):22-23.

[84] 伊铭. 美国零售业态销售模式比较——以百货业为例[J]. 商业经济研究,2017(7):126-132.

[85] 张岑弟. 浅谈传统百货业发展面临的挑战、机遇与发展对策[J]. 经贸实践,2017(15):89+91.

[86] 谷鹏. 万达百货转型的策略研究[D]. 大连海事大学硕士学位论文,2016.

[87] 李沐天,梁志坚. 王府井转型的典型案例[J]. 中国连锁,2016(9):24.

[88] 丁婉怡,余远坤,张曼晶. 网络时代传统百货消费者行为调研分析[J]. 广东开放大学学报,2015,24(1):94-100.

[89] 郭君平,荆林波,张斌. 新消费环境下中国百货业的发展现状及未来路径[J]. 商业经济研究,2015(25):4-7.

[90] 冯巧云. 新形势下传统百货业发展对策研究[J]. 北方经贸,2015(5):72-73.

[91] 田耘. 新兴零售业态对传统百货业的影响及对策[J]. 中外企业家,2014(19):6-9.

[92] 聂静宇. 长沙天虹百货公司转型社区购物中心研究[D]. 湖南大学硕士学位论文,2016.

[93] 冯氏集团利丰研究中心. 2016~2017 中国百货业发展研究报告[R]. 2016.

[94] 中国百货业将进入"后百货时代"[J]. 纺织装饰科技,2014(4):11.

[95] 汤飚. 中国百货业困境及发展之路探究 [J]. 湖南科技学院学报, 2014, 35 (12): 113-115.

[96] 陈育花. 中国传统百货业 O2O 模式转型研究 [J]. 吉林工商学院学报, 2016, 32 (3): 30-34.

[97] Jim Dudlicek. Seamless 2.0 Omnichannel retailing will become increasingly [N]. www. automatedprogressivegrocer. com

[98] Emma Sopadjieva. A Study of 46000 Shoppers Shows That Omnichannel Retailing Works [J]. Harvard Business Review, 2017 (1).

[99] Lee, Zach W. Y.. Customer engagement through omnichannel retailing: The effects of channel integration quality [J]. Industrial Marketing Management, 2019 (2): 90-101.

[100] Adivar, Burcu1 Badivar. A quantitative performance management framework for assessing omnichannel retail supply chains [J]. Journal of Retailing & Consumer Services, 2019 (5): 257-269.

[101] Jurgita Radzevičė. Omnichannel Strategy Implementation by Maintaining Older Employees Engagement [J]. Multidisciplinary Academic Conference, 2018.

[102] Savastano. Technology adoption for the integration of online-offline purchasing: Omnichannel strategies in the retail environment [J]. International Journal of Retail & Distribution Management, 2019 (5): 474-492.

[103] 陈文轩. 电子商务与中国零售变革——基于渠道竞争的视角 [D]. 浙江大学博士学位论文, 2018.

[104] 柯春媛. 传统零售企业发展战略转型与路径选择 [J]. 商业经济研究, 2019 (11): 116-119.

[105] 高梦浠. 多渠道到全渠道: 互联网背景下传统零售企业转型升级路径——以银泰百货和永辉超市为例 [J]. 商业经济研究, 2019 (10): 102-105.

[106] 赵天杨. "新零售"背景下零售企业向全渠道模式的转型研究 [J]. 市场周刊, 2019 (4): 81-82.

[107] 孙红霞. 全渠道模式下零售企业转型策略分析 [J]. 全国流通经济, 2019 (2): 20-21.

[108] 田伟, 殷淑娥. "互联网+"视域下的中国百货业发展策略研究 [J].

电子商务,2017(6):1-2.

[109] 王长斌,马永成. "新常态"下传统百货零售企业战略转型与路径探索[J]. 中国产经,2016(8):90-93.

后　记

　　历时近一年半的时间，书稿终于完成。在书稿完成到2/3的时候，我得了有生以来最大的一场病，2018年8月底至2019年3月几乎卧床，后来虽然能下地走路，但医生的建议是能躺着就躺着，于是耽误了写作进程。现今大数据、互联网时代，一切发展太快，等我能站着写东西的时候，好多的事情已经发生了大的变化，如社会零售总额、实体零售总额、网络零售总额、网民数量等相关数据，甚至是消费者的行为在这大半年的时间里都发生了微妙的变化，让我不得不重新查找数据、更新观点、补充资料、修改个别目录，好在现已完成！

　　谨以此书献给我自己，愿自己逐渐康复，以更好的身心投入教学、科研，也愿今后的学术之路越走越宽！